Lehrbücher
und Monographien
zur Didaktik
der Mathematik
Band 24

LEHRBÜCHER
UND MONOGRAPHIEN
ZUR DIDAKTIK
DER MATHEMATIK
Herausgegeben von
Norbert Knoche,
Universität Essen,
und Harald Scheid,
Universität Wuppertal

BAND 1:
R. Fischer/G. Malle,
Mensch und Mathematik

BAND 4:
N. Knoche/H. Wippermann,
Vorlesungen zur Methodik und
Didaktik der Analysis

BAND 6:
H. Scheid, Stochastik in der
Kollegstufe

BAND 7:
F. Padberg, Didaktik der
Arithmetik

BAND 8:
H. Lüneburg, Kleine Fibel
der Arithmetik

BAND 9:
G. Holland, Geometrie
in der Sekundarstufe

BAND 10:
M. Borovcnik, Stochastik im
Wechselspiel von Intuitionen
und Mathematik

BAND 11:
F. Padberg, Didaktik der
Bruchrechnung

BAND 12:
H. Schupp, Kegelschnitte

BAND 13:
N. Knoche, Modelle der
empirischen Pädagogik

BAND 15:
M. Pfahl, Numerische
Mathematik in der
Gymnasialen Oberstufe

BAND 16:
E. Scholz (Hrsg.),
Geschichte der Algebra

BAND 17:
H. Struve, Gundlagen einer
Geometriedidaktik

BAND 18:
W. Riemer, Stochastische
Probleme aus elementarer
Sicht

BAND 19:
P. Baptist, Die Entwicklung der
neueren Dreiecksgeometrie

BAND 20:
H. Schupp, Optimieren

BAND 21:
H.-G. Weigand, Zur Didaktik
des Folgenbegriffs

BAND 22:
H. Portz, Galilei und der
heutige Mathematikunterricht

BAND 23:
H. Kütting, Didaktik
der Stochastik

Beschreibende Statistik
im Schulunterricht

von
Prof. Herbert Kütting
Westfälische Wilhelms-Universität Münster

Wissenschaftsverlag
Mannheim · Leipzig · Wien · Zürich

Die Deutsche Bibliothek – CIP-Einheitsaufnahme

Kütting, Herbert:
Beschreibende Statistik im Schulunterricht /
von Herbert Kütting. – Mannheim; Leipzig;
Wien; Zürich: BI-Wiss.-Verl., 1994
(Lehrbücher und Monographien zur Didaktik
der Mathematik; Bd. 24)
ISBN 3-411-16841-2
NE: GT

Gedruckt auf säurefreiem Papier
mit neutralem pH-Wert (bibliotheksfest)

Alle Rechte, auch die der Übersetzung in fremde Sprachen,
vorbehalten. Kein Teil dieses Werkes darf ohne schriftliche
Einwilligung des Verlages in irgendeiner Form (Fotokopie,
Mikrofilm oder ein anderes Verfahren), auch nicht für Zwecke
der Unterrichtsgestaltung, reproduziert oder unter Verwendung
elektronischer Systeme verarbeitet, vervielfältigt oder verbreitet
werden.
© Bibliographisches Institut & F.A. Brockhaus AG, Mannheim 1994
Druck: RK Offsetdruck GmbH, Speyer
Bindearbeit: Progressdruck GmbH, Speyer
Printed in Germany
ISBN 3-411-16841-2

Inhalt

Vorwort 9

I. Das Curriculum 10
1. Einführung 10
2. Themenkreise 12

II. Die historische Entwicklung der Statistik - ein kurzer Abriß 15
1. Einführung 15
2. Die Amtliche Statistik 15
3. Die Politische Arithmetik 18
4. Die Universitätsstatistik und ihre Weiterentwicklung ... 19

III. Grundbegriffe der Statistik 21
1. Einführung 21
2. Grundbegriffe der beschreibenden Statistik 22
   - Statistische Masse, statistische Einheit 24
   - Merkmale, Merkmalsausprägungen 25
   - Daten 25
   - Urliste 25
   - Merkmalstypen 25
   - absolute Häufigkeit, relative Häufigkeit 26

IV. Graphische Darstellungen ... 30

1. Einführung ... 30
2. Graphische Darstellungen ... 31
   2.1 Urliste, Tabelle ... 31
   2.2 Stabdiagramm ... 37
   2.3 Kreisdiagramm ... 41
   2.4 Blockdiagramm ... 43
   2.5 Histogramm ... 46
   2.6 Stengel-Blatt-Diagramm ... 52
   2.7 Piktogramm und Gesichter ... 54
   2.8 Die empirische Verteilungsfunktion ... 57
   2.9 Beispiele graphischer Darstellungen in der Praxis ... 59
3. Abschließende Bemerkungen ... 70

V. Statistische Maßzahlen ... 73

1. Einführung ... 73
2. Lageparameter ... 73
   2.1 Arithmetisches Mittel ... 74
   2.2 Geometrisches Mittel ... 85
   2.3 Harmonisches Mittel ... 89
   2.4 Vergleich dieser drei Mittelwerte ... 92
   2.5 Median ... 94
   2.6 Quantile ... 97
   2.7 Modalwert ... 97
   2.8 Abschließende Bemerkungen: Die Mittelwerte im Überblick und Vergleich ... 98
3. Streuungsparameter ... 101
   3.1 Spannweite ... 102
   3.2 Quartilabstand ... 103
   3.3 Box-plot-Diagramm ... 104
   3.4 Mittlere absolute Abweichung ... 106
   3.5 Empirische Varianz, empirische Standardabweichung ... 107
   3.6 Abschließende Bemerkungen ... 109

INHALT 7

VI. Lineare Regression und Korrelation 111
1. Einführung 111
2. Lineare Regression 111
3. Korrelation 118

VII. Fehler und Manipulationsmöglichkeiten 124
1. Einführung 124
2. Fehler und Manipulationsmöglichkeiten 125
2.1 Fehler bei der Erhebung der Daten 125
2.2 Fehler und Manipulationsmöglichkeiten bei der Aufbereitung und Interpretation der Daten 126

3. Abschließende Bemerkungen 149

VIII. Anhang 150
1. Literatur 150
2. Register 167

Vorwort

Bei gesellschaftlichen, politischen und wirtschaftlichen Fragen wird heute zunehmend mit statistischen Daten argumentiert. Zeitungen, Zeitschriften und Fernsehen verwenden Tabellen, graphische Darstellungen, Mittelwerte und Anteilsangaben, um Informationen zu übermitteln. Auch im Mathematikunterricht und in den anderen Unterrichtsfächern treten immer wieder statistische Daten in Form von Tabellen und Graphiken auf, die der Schüler richtig lesen und interpretieren soll. Dazu sind Sachkenntnisse erforderlich.

Das vorliegende Buch will diese Sachkenntnisse vermitteln und zugleich auf Fehler und Manipulationsmöglichkeiten bei der Aufbereitung von Daten aufmerksam machen. Darüber hinaus wird auch die historische Entwicklung der beschreibenden Statistik dargestellt. Durch diese verschiedenen Bezugspunkte sind wesentliche Momente einer Didaktik angesprochen.

Zielgruppen dieses Buches sind vor allem Lehramtsstudenten mit dem Fach der Mathematik für die Primarstufe, Sekundarstufe I und Sekundarstufe II und Lehrer dieser Schulstufen.

Dieses Buch ergänzt die vom selben Autor im gleichen Verlag erschienene "Didaktik der Stochastik", die auch die elementare Kombinatorik umfaßt. Beide Bücher decken das Gebiet der Stochastik für die Primarstufe und Sekundarstufe I ab. Darüber hinaus werden auch Teilgebiete des Stochastikunterrichts in der Sekundarstufe II berücksichtigt.

Die zahlreichen Beispiele tragen und erleichtern die Erarbeitung und Anwendung der Begriffe und dienen als Anregung für den Unterricht. Viele Beispiele sind außermathematischen Sachgebieten entnommen. Sie zeigen die Anwendbarkeit der Begriffe und Methoden der beschreibenden Statistik.

Münster, Westfalen   Herbert Kütting

I. Das Curriculum

1. Einführung

Ähnlich wie die Wahrscheinlichkeitsrechnung hat die Statistik eine lange Zeitgeschichte, aber anders als die Wahrscheinlichkeitsrechnung war sie auch stets im Schulunterricht vertreten. Statistiken, Tabellen und Graphiken treten ja neben der Mathematik in vielen weiteren Schulfächern auf, und Durchschnittswerte werden nicht nur im Mathematikunterricht berechnet.

Ein Blick in Richtlinien der heutigen Zeit zeigt, wie in manchen Richtlinien und Lehrplänen[1] die beschreibende Statistik eine solche Dominanz erreicht hat, daß ihr die Stoffgebiete der Wahrscheinlichkeitsrechnung sogar untergeordnet sind. Und ein Blick in die jüngste Vergangenheit zeigt, wie auch im Schulunterricht die Statistik ideologisch und politisch eingesetzt und mißbraucht werden kann. Ein eindrucksvolles Beispiel ist die NS-Schulreform des sog. "Dritten Reiches" von 1938.[2] Die weiten Anwendungsmöglichkeiten der Mathematik wurden herausgestellt, die Wahrscheinlichkeitsrechnung wurde gestrichen und gemäß der Betonung praktischer Anwendungen trat die Statistik in den Vordergrund. So waren beispielsweise in der 6. Klasse der Oberschule für Jungen "Einfache Begriffe der Statistik" zu behandeln und als Anwendungen die "Statistik in Bevölkerungspolitik, Biometrik, Volkswirtschaft" (a.a.O., S.200f.). Ähnliche Lehrpläne gab es auch für die Oberschule für Mädchen und für die Aufbauschulen. Als Anregung für die naturwissenschaftlichen - mathematischen Arbeitsgemeinschaften, die in den Lehrgang der höheren Schulen als wahlfreier Unterricht der grundständigen Oberschule für Jungen eingebaut waren, wurde als Stoffgebiet u.a. die Auswertung von "Zahlenmaterial aus statistischen Erhebungen einer Gemeinde oder eines Kreises nach volksbiologischen Gesichtspunkten" angeführt (a.a.O., S.205).

1942 berichtet M.Draeger über seine Erfahrungen mit der Behandlung der Statistik in

---

1) Vgl. Richtlinien und Lehrpläne für die Sekundarstufe I/Hauptschule in Nordrhein-Westfalen, Köln 1977 (Klassen 5 und 6), Köln 1979 (Klassen 7 und 8), Köln 1980 (Klassen 9 und 10, Empfehlungen).
2) Erziehung und Unterricht in der höheren Schule. Amtliche Ausgabe des Reichs - und Preußischen Ministeriums für Wissenschaft, Erziehung und Volksbildung. Berlin 1938.

1. EINFÜHRUNG

mathematischen Arbeitsgemeinschaften.[3] Er schreibt (a.a.O.,S.34): "Eine den Referenten gestellte besondere Aufgabe war die Rekonstruktion der Stadtgeschichte aus der Statistik und der Zusammenhang der statistischen Zahlen unserer Stadt mit den großen Wendepunkten in der neuesten Geschichte unseres Volkes. Dazu wurde oft die Auskünfte erteilende Mithilfe der Eltern herangezogen und mancher Gang zur Stadtbücherei unternommen. Nur der Eifer der Jungen beim Nachweise der durchgreifenden Bedeutung des Umbruchs von 1933 war mitunter so groß, daß er sich nicht mehr mit der gebotenen kritischen Haltung den statistischen Zahlen gegenüber und der Forderung nach strenger Wahrhaftigkeit in Einklang bringen ließ. Das gab dann ein lebhaftes Für und Wider in der Aussprache!" Bedarf dieses Zitat eines Kommentars?

Erinnert sei auch an Aufgaben aus dieser Zeit, in denen Statistiken der Erstellungskosten für Eigenheime für (kinderreiche) Familien mit den Kosten für den Unterhalt geisteskranker Menschen zu vergleichen waren. Man denke in diesem Zusammenhang an die vom Hitlerregime des sog. "Dritten Reiches" vorgenommene Tötung sogenannter "lebensunwerter" Geisteskranker. Der Mißbrauch der an sich schon fragwürdigen Aussage "Zahlen beweisen" wird durch solche Beispiele deutlich belegt.

Auch die folgenden Passagen aus einem Statistikbuch der ehemaligen DDR[4], das als Lehrbuch für die Ausbildung an Hoch- und Fachschulen der DDR durch den zuständigen Minister anerkannt war, unterstreichen nachdrücklich die Gefahr der Vereinnahmung der Statistik durch den Staat. Wir zitieren aus dem einleitenden Kapitel "Die Statistik in der sozialistischen Gesellschaft". Dort heißt es (a.a.O., S.18f): "Die kapitalistische Gesellschaftsordnung prägte den Klassencharakter der Statistik im kapitalistischen Staat. Ihre konkrete Aufgabe bestand und besteht darin, die für den kapitalistischen Staat, insbesondere für die großen Monopole und ihre Verbände notwendigen Informationen und Kenntnisse über die gesellschaftlichen Prozesse und Erscheinungen zu erarbeiten und gleichzeitig dabei die Klassenverhältnisse, das Wesen des kapitalistischen Staates, insbesondere die Ausbeutung zu verschleiern. ...Es ist deshalb stets notwendig, bei der Verwendung von Angaben der bürgerlichen Statistik sich kritisch mit ihnen vom marxistisch-leninistischen Standpunkt auseinanderzusetzen. ...Demgegenüber besteht der Klassencharakter im sozialistischen Staat in der bewußten Parteilichkeit der Statistik, vor allem in der exakten und wahrhaften Darstellung und der Analyse aller für die planmäßige Leitung wesentlichen gesellschaftlichen Erscheinungen und Prozesse."

Etwas später heißt es: "Gründliche Kenntnisse des Marxismus-Leninismus ist die Grundvoraussetzung für alle statistischen Arbeiten, um durch sie reale, der Wirklichkeit entsprechende Aussagen über die gesellschaftlichen Erscheinungen zu erhalten und dabei nicht nur an der Oberfläche der Erscheinungen zu bleiben, sondern zu ihrem Wesen, den bestimmenden Zusammenhängen und Faktoren vorzustoßen." (a.a.O., S.21).

---

3) Draeger,M., Die Statistik als Beispiel für die Durchführung mathematischer Arbeitsgemeinschaften. In: Unterrichtsblätter für Mathematik und Naturwissenschaften, 48(1942), S.32-34.
4) Donda, A./Herrde,E./ Kuhn,O./ Struck,R., Statistik. Berlin 1980[4].

Diese Verzerrung einer Wissenschaft spricht für sich. Einerseits wissen wir, daß solche Statements üblich und vielleicht notwendig waren, und andererseits ist auch nüchtern festzustellen, daß Staatswesen und politische Parteien stets versuchen werden, die Statistik als Gehilfin für die Erreichung ihrer Ziele einzusetzen und auszunutzen. Vielleicht braucht man sogar die Zahlen als Waffen zum Durchsetzen seiner Ideen. Die an sich "stummen Zahlen" werden dann zu beredten Gehilfen mit großer Überzeugungskraft, wenn man ihnen hilflos ausgesetzt ist. Hilflosigkeit ist aber die schlechteste Gegenwaffe. Deshalb sollte jeder über Grundkenntnisse der Statistik verfügen.

Wir haben den politischen Mißbrauch der Statistik aus zwei Gründen an den Anfang gestellt: Einmal um eindringlich auf die Gefahren im Umgang mit Statistiken aufmerksam zu machen, zum anderen weil die Ursprünge der Statistik tatsächlich eng mit dem Staatswesen verbunden sind (siehe Kapitel II). Heute hat die Statistik weitere Aufgabenfelder gefunden, z.B. in den Wirtschaftswissenschaften, in den Sozialwissenschaften, in der Biologie, Physik, Chemie, Medizin, Meteorologie, Psychologie, Geographie usw. Auch in diesen Aufgabenfeldern besteht für die Statistik natürlich die Gefahr der Fehldeutungen und die Gefahr von Manipulationen.

Wundert es da noch, daß es um das Ansehen der Statistik in der Öffentlichkeit nicht zum Besten steht? Abfällige Äußerungen deuten das an:
- Es gibt die gewöhnliche Lüge, die Notlüge und die Statistik.
- Trauen Sie keiner Statistik, die Sie nicht selbst gefälscht haben!
- Zahlen können lügen, und Lügner können zählen.
- Mit Zahlen kann man alles und daher nichts beweisen.
- Statistik ist die Kunst, mit richtigen Zahlen etwas Falsches zu beweisen.
- Statistik ist das Umgraben von Datenfriedhöfen.
Dagegen steht ein Wort von Napoleon:
- La statistique est le budget des choses et sans budget point de salut.
Die zahlreichen unrühmlichen Einschätzungen der Statistik sollten Impulse sein, die richtige Zielsetzung für den Statistikunterricht auszumachen. Denn nicht die Sprache der Statistik - das sind die Zahlen und die Graphiken - lügt, sondern es lügen allenfalls die Menschen, die mit den Zahlen und Graphiken umgehen.

2. Themenkreise

In den Richtlinien und Lehrplänen für die Sekundarstufe I/Gymnasium des Landes Nordrhein-Westfalen von 1984 heißt es auf Seite 38: "Bei vielen wirtschaftlichen, gesellschaftlichen und politischen Problemen wird heute in zunehmendem Maße mit statistischem Datenmaterial argumentiert, in Zeitungen und Zeitschriften sowie im Fernsehen werden in mannigfacher Art Tabellen, graphische Darstellungen und statistische Maßzahlen (z.B. Mittelwerte, Streuungswerte, Indizes) verwendet. Deshalb ist es wichtig, daß die Schüler dazu befähigt werden, Aussagen der beschreibenden Statistik richtig zu bewerten und ihnen kritisch zu begegnen. Sie sollen auch Möglichkeiten kennenlernen, wie man mit

2. THEMENKREISE   13

richtigem Datenmaterial durch geschickte Aufbereitung den Leser täuschen kann."
Aus diesem Zitat ergeben sich die **Inhalte für einen Statistikunterricht.** Nach einem
kurzen *historischen Abriß* zur Entstehung der Statistik (Kapitel II) geht es in unserer
weiteren Darstellung
- um die Vermittlung von *Grundbegriffen der Statistik* wie statistische Einheit, Urliste,
Merkmal, Merkmalsausprägungen (Kapitel III),
- um *graphische Darstellungen* wie Tabellen, Kreisdiagramme, Stabdiagramme,
Balkendiagramme, Blockdiagramme, Histogramme, Piktogramme, Stengel-Blatt-
Diagramme (stem and leaf displays), Kastenschaubilder (box-plot-displays),
(Kapitel IV),
- um *statistische Maßzahlen,* und zwar um
Lagemaßzahlen (Lageparameter) wie Median (allgemeiner: Quantile), Modalwert,
arithmetisches Mittel, geometrisches Mittel, harmonisches Mittel und um
Streuungsmaße (Streuungsparameter) wie Spannweite, empirische Varianz, Standardabweichung, Quartilabstand (Kapitel V),
- um die *lineare Regression* und die *Korrelation* (Kapitel VI),
- um *Fehler und Manipulationsmöglichkeiten,* z.b. durch "falsche" Wahl der Einheiten in
der graphischen Darstellung, durch die Auswahl eines "bestimmten" Zeitabschnitts,
durch die Wahl einer "passenden" Bezugsgröße, durch Prozentangaben "ohne Nennung
der Bezugsgröße" usw. (Kapitel VII).

Bei der Erarbeitung der Begriffe und Methoden der beschreibenden Statistik im
Unterricht müssen Beispiele die tragende Rolle einnehmen. Ganz bewußt entnehmen wir
die Beispiele der realen Welt. Damit soll die Anwendbarkeit der Mathematik auf Fragen
der Umwelt aufgezeigt und exemplarisch verwirklicht werden. Zur sachgerechten
Interpretation der Daten ist eine Auseinandersetzung mit den jeweiligen Sachbegriffen
und Sachgebieten unabdingbar, denn das notwendige Wissen kann nicht bei den Schülern
vorausgesetzt werden. Auch Tabellen und Schaubilder liefern nicht immer die
notwendigen Informationen. Diese müssen deshalb vom Lehrer vermittelt werden oder
von den Schülern selbständig erarbeitet werden. Das ist nicht immer ganz einfach, ist oft
zeitaufwendig und kann auf außermathematische Felder lenken (vgl. auch das Beispiel
"Der große Lohnvorsprung", S.130ff.). Ferner ist zu beachten, daß ein Schüler nur dann
bereit sein wird, sich die notwendigen Sachinformationen der realen Fragestellung zu
eigen zu machen, wenn das reale Problem für ihn interessant ist, also für ihn eine gewisse
subjektive Bedeutsamkeit besitzt. Das erschwert die Auswahl der Beispiele. Wir haben
uns bemüht, Beispiele zu finden, die im Schulunterricht auf Interesse stoßen könnten. Bei
vielen Beispielen geben wir notwendige Erläuterungen der Begriffe, so daß ein besseres
Verständnis der durch die Daten übermittelten Informationen möglich ist.

Wir hoffen, in den folgenden Kapiteln aufzeigen zu können, daß die beschreibende
Statistik nicht ein langweiliges und mühevolles "Umgraben von Datenfriedhöfen" ist, und
daß der mathematische Anspruch bei der Behandlung der beschreibenden Statistik
durchaus nicht gering sein muß. Wir verweisen etwa auf die Möglichkeiten in der

I. CURRICULUM

Sekundarstufe I, Größenbeziehungen zwischen arithmetischem, geometrischem und harmonischem Mittel auf geometrischem und arithmetischem Wege herzuleiten (vgl. S.92f.) oder die Minimumseigenschaft des arithmetischen Mittels und des Medians zu beweisen (vgl. S.81 und S.95ff.). Auch die Herleitung der Regressionsgeraden ist mathematisch nicht ganz anspruchslos (vgl. S.114ff. und S.118).

Viele der angesprochenen Methoden und Techniken (Erstellen von Graphiken, Berechnung von statistischen Maßzahlen) erfahren heute durch den Taschenrechner - und Computereinsatz eine wirkungsvolle Unterstützung, indem diese die gesuchte Maßzahl bzw. das gewünschte Bild innerhalb kürzester Zeit berechnen bzw. erstellen. Doch halten wir es aufgrund *unserer* Unterrichtserfahrung für wesentlich, daß der Schüler diese Verfahren und Techniken selbst einmal Schritt für Schritt ausgeführt und durch sein Tun sich erarbeitet hat. Erst dann sollte der Computer als Hilfsmittel eingesetzt werden. Insbesondere kann man mit ihm sehr schön und schnell Manipulationsmöglichkeiten aufzeigen.

II. Die historische Entwicklung der Statistik - ein kurzer Abriß

1. Einführung

In Kapitel I wurden zwei Bedeutungen des Wortes Statistik deutlich. Es ging einmal um die (mathematische) Disziplin Statistik, also um die *Wissenschaft* Statistik. Dann ging es auch um Statistiken, z.B. um Statistiken von Kosten, um Statistiken in der Bevölkerungspolitik, also um Zahlenmaterial aus Erhebungen. Hier stellt sich Statistik als *Ergebnis einer Tätigkeit* dar. Diese zwei Bedeutungen sind inhaltlich und auch umgangssprachlich mit dem Wort der Statistik verbunden.

Die Ursprünge der Statistik liegen weit zurück. Für die beschreibende (deskriptive) Statistik gibt man im allgemeinen drei Quellen an: Die **Amtliche Statistik**, die **Politische Arithmetik** und die **Universitätsstatistik**.

2. Die Amtliche Statistik

Der Sinn einer **Amtlichen Statistik** liegt darin, Informationen darüber zu gewinnen, wie die organisierte Gesellschaft am besten "verwaltet" werden kann. Man möchte Kenntnisse haben z.B. über die Anzahl der Bewohner, über den Landbesitz, über die Bodenschätze, über den Viehbestand usw. Einfache statistische Erhebungen wurden bereits vor Jahrtausenden durchgeführt, z.B. in Ägypten, China, Indien, Griechenland, Rom. Schon 3000 v. Chr. nahmen die Pharaonen in Ägypten Volkszählungen, Landvermessungen und Viehbestandszählungen vor. Neben steuerlichen Zwecken dienten solche Volkszählungen auch zur Erstellung von Verzeichnissen für den Frondienst und "Militärdienst".

Auch in der Bibel werden Volkszählungen erwähnt[1]. Im Alten Testament verweisen wir auf die Stellen Exodus (2.Buch Moses) Kap. 30, Verse 11-16; Kap.38, Vers 25f; Numeri (4.Buch Moses) Kap.1, Verse 1-54; Kap 26, Verse 1-51, und Verse 57-65; 2.Buch Sa-

---

1) Vgl. für die folgenden Ausführungen:
   a) Die Heilige Schrift des Alten und Neuen Testaments (Übersetzung von Hamp,V./Stengel,M./Kürzinger,J.). Aschaffenburg 1975[25].
   b) Schürer, E.: Geschichte des jüdischen Volkes im Zeitalter Jesu Christi. Band 1. Hildesheim - New York 1970.
   c) Schneider, G.: Das Evangelium nach Lukas, Kapitel 1-10. Würzburg 1977.
   d) Scharbert, J.: Numeri. Würzburg 1992.
   e) Cornfeld,G./Botterweck,G.J.(Hrsg.): Die Bibel und ihre Welt (2 Bände). Herrsching 1991.

II. HISTORISCHER ABRISS

muel Kap.24, Vers 1f. (Parallelbericht im 1.Buch der Chronik, Kap.21, Verse 1-5.). Im Neuen Testament nennen wir die Stellen Apostelgeschichte Kap.5, Vers 37 und Lukas Kap.2, Verse 1ff. Im folgenden gehen wir auf einige Stellen ein.

In Exodus, 30. Kap., 11.Vers und folgende heißt es: "[11]Der Herr sprach zu Moses: [12]Wenn du die Kopfzahl der Israeliten bei ihrer Musterung feststellst, dann soll jeder ein Lösegeld für sein Leben anläßlich der Musterung an den Herrn entrichten, damit nicht eine Plage sie bei ihrer Musterung treffe. [13]Dieses soll ein jeder, der zur Musterung kommt, entrichten: Ein halbes Silberstück nach heiligem Gewicht, 20 Gera das Silberstück, ein halbes Silberstück also als Weihegabe an den Herrn. [14]Jeder, der zur Musterung kommt, von 20 Jahren an und darüber, soll die Weihegabe an den Herrn entrichten."

Anmerkungen:
- Nach Überlieferung mußte jeder Israelit jedes Jahr zum Unterhalt des Heiligtums ein als Sühnegeld bezeichnetes halbes Silberstück (einen halben Schekel) zahlen. Die Anzahl der halben Schekel ergab auch die Anzahl der Männer über 20 Jahre, d.h. der Wehrdienstpflichtigen (Vgl. Exodus, Kap.38, Vers 25f.).
- Der Gedanke der Entsühnungen aus Anlaß einer Volkszählung wird in Beziehung gebracht mit der ersten königlichen Volkszählung durch David (2.Buch Samuel, 24.Kap., Vers 1f.). Denn die nach Durchführung der Volkszählung über das Volk Israel hereinbrechende Pest wurde als Strafe für Davids Volkszählung angesehen (2.Buch Samuel, 24.Kap., Verse 10-15).

Das Buch Numeri (Zahlen) verdankt sogar seinen Namen einer Volkszählung. Es beginnt mit Zählungen und Musterungen der wehrfähigen Männer Israels.

"[1]Der Herr redete zu Moses in der Wüste am Sinai im Offenbarungszelt am ersten Tage des zweiten Monats im zweiten Jahr nach dem Auszug aus dem Lande Ägyptens folgendes: [2]Nehmt die Gesamtzahl der ganzen Gemeinde der Israeliten auf, und zwar nach ihren Sippen und Familien mit Zählung der einzelnen Namen; alles, das männlich ist , nach seiner Kopfzahl! [3]Von 20 Jahren und darüber sollt ihr alle Kriegstüchtigen in Israel scharenweise mustern, du und Aaron!" (Numeri, 1.Kap., Verse 1-3). Diese erste Zählung durch Moses fand nach dieser Tradition während des Exodus am Sinai statt. Gezählt wurden 603550 (Numeri, 2.Kap., Vers 32). Eine zweite Volkszählung fand nach dieser Tradition durch Moses vor dem Einzug in das Gelobte Land statt: "[1]Nach dieser Heimsuchung sprach der Herr zu Moses und Eleasar, dem Sohn des Priesters Aaron: [2]Nehmt die Gesamtzahl der Israelitengemeinde auf, von 20 Jahren an nach ihren Familien geordnet, alle die heerespflichtig sind in Israel!" (Numeri, 26.Kap., Vers 1f.). Gezählt wurden 601730 Gemusterte. "[53]An diese werde das Land als Erbbesitz nach dem Verhältnis der Namenszahl verteilt." (Numeri, 26.Kap., Vers 53)." [55]Doch soll man das Land durch das Los verteilen; ..." (Numeri, 26.Kap., Vers 55).

Anmerkungen: (vgl. auch *Scharbert*, a.a.O., S.18f, S.109):
- Die Zahlen selbst sind mit Sicherheit unhistorisch. Denn wenn man Frauen, Kinder und Greise einbezieht, müßten ungefähr 2 Millionen Menschen auf der Wanderung gewesen sein. Die Probleme einer solchen Völkerwanderung (Verpflegung etc.)

2. AMTLICHE STATISTIK 17

dürften kaum zu lösen gewesen sein. Denkbar ist, daß man bei den Zahlen an eine endzeitliche Fülle dachte.
- Bemerkenswert ist, daß schon nach Kategorien (Sippen, Familien) getrennt gezählt wurde.
- Auch das Verfahren der Landverteilung ist interessant. Es werden zwei sich gegenseitig behindernde Verfahren genannt. Der Widerspruch kann aufgelöst werden, wenn man annimmt, daß Gott (Jahwe) die Verteilung durch Los (also durch Zufall) so lenken wird, daß eine gerechte Verteilung nach der Größe der Stämme erfolgt.

Überblickt man diese Volkszählungen und Prozeduren, so wird verständlich, daß Volkszählungen nicht beliebt waren: Furcht vor Heeresdienst, Angst vor Besteuerung, Einschränkung der Persönlichkeit, Offenlegung der Privatsphäre, Angst vor Strafen. Die Unbeliebtheit von Volkszählungen hat sich bis heute erhalten.

Die wohl bekannteste Volkszählung aus der Bibel ist die aus dem Neuen Testament bei Lukas, Kap.2, Verse 1ff. Es handelt sich um das Weihnachtsevangelium nach Lukas. "[1]In jenen Tagen geschah es, daß vom Kaiser Augustus der Befehl erging, das ganze Reich zu beschreiben und einzutragen. [2]Diese erste Eintragung geschah, als Quirinius Statthalter von Syrien war. [3]Alle gingen hin, sich eintragen zu lassen, ein jeder in seine Stadt. [4]Auch Joseph ging von Galiläa, aus der Stadt Nazaret, hinauf nach Judäa in die Stadt Davids, die Betlehem heißt - weil er aus dem Haus und Geschlecht Davids war - [5]um sich eintragen zu lassen zusammen mit Maria, seiner Vermählten, die gesegneten Leibes war." Nach diesem Bericht des Lukas wurde Jesus dann in Betlehem geboren.

Anmerkungen:
- Bei der Eintragung handelte es sich um eine Volkszählung (einen Zensus) hauptsächlich für steuerliche Zwecke. Aus historischer Sicht ist aber der bei Lukas erwähnte Zensus nicht unumstritten. Mit großer Sicherheit weiß man nämlich, daß Quirinius die in der Apostelgeschichte (Kap.5, Vers 37) erwähnte Volkszählung durchgeführt hat. Das war aber im Jahre 6 oder 7 nach Christus. Andererseits ist nach heutigem Kenntnisstand ein Zensus im *gesamten* Reich (Reichszensus) unter Augustus nicht bezeugt. Wegen Einzelheiten dieser wissenschaftlichen Diskussion verweisen wir auf entsprechende Literatur (s. *Schürer*, a.a.O., S.508-543; *Schneider*, a.a.O., S.68f).
- Der römische Census, der auf Servius Tullius (um 550 v. Chr.) zurückgeht, war eine sich regelmäßig alle 5 Jahre wiederholende Erhebung der Bevölkerung. Seine Bezeichnung hat sich in einigen Ländern wie z.b. in den USA für regelmäßig stattfindende Bestandsaufnahmen bis heute erhalten. Auch in der Bundesrepublik Deutschland findet seit 1957 jährlich ein Mikrozensus statt, bei dem 1% aller Haushalte erfaßt werden. Interessant ist nun, daß diese "kleine Zählung" durch *Interviewer* vorgenommen wird. Dadurch können Rückfragen bei komplexen Sachverhalten sofort geklärt werden, so daß die Ergebnisse zuverlässiger erscheinen mögen und vielleicht auch sind als bei einer reinen Zählung.

Zur Amtlichen Statistik zählen auch die Inventarien, die Karl der Große anfertigen ließ, und das sogenannte Domesday Book um ca. 1084/85, das Wilhelm der Eroberer anlegen ließ. Letzteres enthält die Zählungen der Einwohner, die auch nach Ständen statistisch aufgegliedert waren, und Zählungen ihres Grund- und Viehbesitzes. Ferner erwähnen wir die sog. Populationslisten (für Geburten, Trauungen und Todesfälle) unter dem Kurfürsten Friedrich Wilhelm um 1683. Die letzten Stufen in dieser Entwicklung sind bei uns die Statistischen Jahrbücher für die Bundesrepublik Deutschland, die vom Statistischen Bundesamt herausgegeben werden, und die Publikationen der Statistischen Landesämter und Kommunen. Der Hintergrund solcher Erhebungen ist in seiner praktischen Bedeutung für Regierungen und Verwaltungen zu sehen.

3. Die Politische Arithmetik

Im 17. und 18. Jahrhundert traten international zwei neue Aspekte hinzu: die sog. Politische Arithmetik und die sog. Universitätsstatistik.

Als Begründer der in England aufgekommenen **Politischen Arithmetik** gelten *John Graunt* (1620-1674) und *Sir William Petty* (1623-1687). Durch Vergleich von Geburtenhäufigkeiten und Sterbezahlen versuchte man Bevölkerungsentwicklungen zu beobachten. Nicht Einzelerscheinungen waren wichtig, sondern zu (homogenen) Klassen zusammengefaßte Massenerscheinungen. Man fragte nach Ursachen und Regelmäßigkeiten.[2] J. Graunt war von Haus aus Tuchkleinhändler, später war er Kommissar für die Wasserversorgung Londons. Das Material fand Graunt in Geburts- und Todeslisten, in Tauf- und Sterberegistern. Seine grundlegende Schrift erschien 1662: "Natürliche und politische Beobachtungen über die Totenlisten der Stadt London, führnehmlich ihre Regierung, Religion, Gewerbe, Luft, Krankheiten und besondere Veränderungen betreffend...". W.Petty war nach dem Medizinstudium Professor für Anatomie in Oxford, war aber sehr vielseitig interessiert. Sein Werk "Political Arithmetic" gab der Strömung ihren Namen.

Als weitere Vertreter der Politischen Arithmetik erwähnen wir noch E.Halley und J.P.Süßmilch. Der Astronom *Edmond Halley* (1656-1742) - nach ihm ist der von ihm vorausgesagte Halley-Komet benannt - verfaßte aufgrund von Kirchenbüchern der Stadt Breslau die ersten Sterbetafeln mit Sterbewahrscheinlichkeiten. Vertreter der Politischen Arithmetik war in Deutschland der preußische Prediger und nachmalige Oberkonsistorialrat *Johann Peter Süßmilch* (1707-1767) mit seinem Buch "Die göttliche Ordnung in den Veränderungen des menschlichen Geschlechts aus der Geburt, Tod und Fortpflanzung desselben erwiesen von Johann Peter Süßmilch, Prediger beim hochlöblichen Kalksteinischen Regiment"(1741). Wie der Titel schon andeutet, betrachtete Süßmilch die Gesetzmäßigkeiten als der göttlichen Ordnung zugehörig.

---

2) Vgl. hierzu auch Biehler,R., Daten analysieren mit dem Computer. In: Der Mathematikunterricht, 1990, Heft 6, S.62 -71.

4. Die Universitätsstatistik und ihre Weiterentwicklung

Mit dem Terminus **Universitätsstatistik** ist die an Universitäten vertretene bzw. etablierte wissenschaftliche Disziplin gemeint. Es geht also nicht um Statistiken an den Universitäten. Da man für die zentrale Verwaltung von Staaten Ausbildungsmöglichkeiten brauchte, entstand an den Universitäten im 17. Jahrhundert ein erweitertes Lehr- und Ausbildungsangebot. Es betraf die Lehre von den Staatsmerkwürdigkeiten. Es ging um Staatsbeschreibungen. Schon 1660 kündigte der Rechtshistoriker *Hermann Conring* (1606-1681), Professor an der ehemaligen Universität Helmstedt, eine Vorlesung zu "Notitia rerum publicarum" oder "Staatenkunde" an und behandelte Staatsbeschreibungen unter den Gesichtspunkten Bevölkerung, Staatsform, Verwaltung, Finanzen. *Gottfried Achenwall* (1719-1772), Professor in Marburg und später in Göttingen, führte den Namen der Statistik für diese neue Disziplin ein. Der Name geht zurück auf das italienische Wort Statista, was Staatsmann bedeutet, oder auf das lateinische Wort status (rei publicae) was Zustand (des Staates) bedeutet. Die moderne Staatswissenschaft prägte also den wissenschaftlichen Charakter der Statistik. Wenn auch der Ursprung des Namens Statistik mit Achenwall untrennbar verbunden ist, kann man aber nicht sagen, daß er der Begründer der Statistik ist. Das folgt auch schon aus unseren früheren Darlegungen. Mittelpunkt war bei ihm noch nicht die zahlenmäßige Erforschung von Massenerscheinungen. Dieser Gesichtspunkt wurde betont von *Karl Knies* (1821-1898) hervorgehoben.

Von den deutschen Universitäten breitete sich die Statistik auf andere Länder aus: Österreich, Ungarn, Italien (Venetien), Belgien, Frankreich, England, USA. Dabei ist interessant, daß die Statistik in den USA um 1845 eingeführt wurde, und zwar der Universität Virginia im Department of Moral Philosophie. Diese Verbindung von Philosophie mit Statistik ist bemerkenswert.

Mit dem Entstehen der Wahrscheinlichkeitsrechnung machte sich der *Einfluß wahrscheinlichkeitstheoretischer Überlegungen* auf die Statistik bemerkbar. Schon *Jakob Bernoulli* (1604-1705) hatte den Zusammenhang zwischen mathematischen Wahrscheinlichkeit und der statistischen Wahrscheinlichkeit (Gesetz der großen Zahlen) gesehen, wie seiner "Ars conjectandi", die acht Jahre nach seinem Tode erschien, zu entnehmen ist.

Auch für den belgischen Astronomen und Statistiker *Lambert Adolph Jacob Quetelet* (1796-1874) war die Wahrscheinlichkeitsrechnung ein wichtiger Bezugspunkt für seine Forschungen. Er war überzeugt, daß soziale und gesellschaftliche Erscheinungen auf Gesetzmäßigkeiten verweisen, die man durch statistische Erhebungen entdecken und erforschen könnte. 1846 führte er - vielleicht die erste - wissenschaftlich fundierte Volkszählung in Belgien durch. Bekannt geworden ist er auch durch seinen aus Erhebungen am Menschen errechneten "mittleren Menschen" (homme moyen) als Idealtyp des Menschen. Diese Theorie war und ist heftig umstritten. Quetelet kann aber als Begründer der Anthropometrie angesehen werden. 1853 organisierte Quetelet den ersten Internationalen Statistikkongreß in Brüssel. Das bedeutete eine Stärkung und Förderung der internationalen Zusammenarbeit, die dann 1885 zur Gründung des Internationalen Statistischen Instituts (ISI) führte.

Zu erwähnen ist in diesem Zusammenhang auch der uns schon aus der Wahrscheinlich-

II. HISTORISCHER ABRISS

keitsrechnung bekannte *Sir Francis Galton* (1822-1911), der übrigens ein Vetter von Charles Darwin war. Er entwickelte das nach ihm benannte Galtonbrett, das der Demonstration der Binominalverteilung dient. Ferner entwickelte er die Korrelationsrechnung zur Auswertung seiner Daten (vornehmlich zur Vererbungslehre). Sein Schüler *Karl Pearson* (1857-1936) war Mitbegründer der Zeitschrift "Biometrika", einer statistischen Zeitschrift (1900).

Im 20. Jahrhundert entwickelten sich mit den Methoden der Wahrscheinlichkeitstheorie neue Verfahren und Möglichkeiten, es ist der Beginn der **mathematischen Statistik**. War lange Zeit die Gesamterhebung das Mittel der Statistik zur Beschreibung der Umwelt, wird jetzt eine repräsentative Teilerhebung (Teiluntersuchung) durchgeführt (Stichprobenverfahren) und aus den Ergebnissen der Teilerhebung durch mathematische Verfahren auf die Gesamtheit zurückgeschlossen. So ist neben der rein deskriptiven (beschreibenden) Statistik die *induktive* (schließende) Statistik getreten. Als *mathematische Statistik* hat sie sich zu einem selbständigen Zweig der Mathematik entwickelt. Es ist ein Verdienst von *Sir Ronald Aylmer Fisher* (1890-1962) die Versuchsplanung eingeführt zu haben, und damit den großen Anwendungsbereich der Statistik in Wirtschafts- und Sozialstatistik begründet zu haben. *Egon Sharpe Pearson* (1895-1980), Sohn von Karl Pearson, ist zusammen mit dem in Rußland geborenen *Jerzy Neymann* (1894-1981), besonders auf dem Gebiet des Testens von Hypothesen bekannt geworden (Neymann-Pearsonsche Theorie des Prüfens von Hypothesen). Statistische Hypothesen (Annahmen) werden mit Hilfe statistischer Tests überprüft, d.h. aufgrund einer Stichprobe wird eine Entscheidung über Annahme oder Ablehnung der Hypothese herbeigeführt. Unter dem Einsatz mathematischer Methoden gibt es inzwischen eine Fülle von Verfahren zur Überprüfung von Hypothesen.

Ganz allgemein kann man sagen, daß es heute in der Statistik nicht nur um eine Beschreibung, sondern auch um eine Auswertung und kritische Beurteilung von erhobenen Daten geht. Statistik und Wahrscheinlichkeit sind heute miteinander verkettet.
Die historisch entstandene Gliederung der Statistik in "Deskriptive Statistik" und "Induktive Statistik" wird heutzutage unter dem Einfluß des Anwendungsgedankens infrage gestellt. Auch unter dem Einfluß der von *Tukey* 1977 eingeführten *Explorativen Datenanalyse* (EDA)[3] ist man geneigt, Ideen und Methoden der induktiven (schließenden) Statistik schon in heuristischer Form frühzeitig einzusetzen. So unterwirft man in der EDA u.a. die Datenmenge auch systematischen und probierenden Reduktionen und Umgestaltungen - die modellärmer als in der induktiven Statistik sind - in der Erwartung, daß einfache Zusammenhänge als Muster sichtbar werden und evtl. zu begründeten Vermutungen führen können.

---

3) Tukey, J.W., Exploratory Data Analysis. Reading, Addison-Wesley 1977.

III. Grundbegriffe der Statistik

1. Einführung

In der beschreibenden Statistik geht es um eine Datenerfassung in Sachsituationen, um die Datenaufbereitung und um eine erste vorsichtige Dateninterpretation. Grundsätzlich gibt es im Mathematikunterricht verschiedene Vorgehensmöglichkeiten zur Einführung in die beschreibende Statistik:
- Man kann Datenlisten oder graphische Darstellungen von Daten vorgeben. Zeitungen, Bücher und statistische Jahrbücher liefern für alle Altersstufen interessantes Datenmaterial (siehe auch die Tabellen und Graphiken in den nachfolgenden Kapiteln). Die Aufgabe kann dann darin bestehen, dieses Datenmaterial richtig zu lesen und zu verstehen und evtl. weiter aufzubereiten. So können beispielsweise Fragen nach anderen graphischen Darstellungen oder Fragen nach Kennzahlen wie Mittelwerte und Streuungswerte gestellt werden.
- Man kann von den Schülern selbst durch eine statistische Erhebung das Datenmaterial finden lassen, das dann aufbereitet wird. Wegen der damit verbundenen hohen Motivation heben Richtlinien und Lehrpläne diesen Weg besonders hervor. Planung, Durchführung und anschließende Auswertung einer selbst durchgeführten Erhebung können die Schüler tatsächlich stärker motivieren als eine von außen an sie herangetragene Fragestellung durch Vorgabe von irgendwelchen Daten. Die Schüler können so eigene Erfahrungen sammeln und müssen zudem stets im Gespräch mit ihren Mitschülern bleiben. Allerdings wird man berücksichtigen müssen, daß die Planung, Durchführung und Auswertung einer eigenen Erhebung mehr Zeit beansprucht als die Auswertung stets neu vorgegebener Daten.

In Praktika mit Studenten haben wir mehrfach mit beiden Wegen unterrichtliche Erfahrungen sammeln können. Es kann bestätigt werden, daß der Motivationsschub zu Beginn einer selbst durchgeführten Erhebung sehr stark ist, es muß aber auch eingestanden werden, daß die Aufbereitung immer wieder desselben Datenmaterials unter neuen Fragestellungen schnell das Interesse der Schüler abflachen läßt: "Schon wieder diese Daten!". Schließlich muß man auch damit rechnen, daß sich die erhobenen Daten nicht immer zur Vorbereitung neuer Fragestellungen (wie z.B. zur Motivation der Frage nach Streuungsmaßen) eignen. Geht man den anderen Weg, so kann man mit Vorteil die Möglichkeit ausnutzten, für jede neue Fragestellung neue Datenmengen aus neuen aktuellen Sachproblemen wählen zu können. Diese Varianz der Sachgebiete bewirkt aufgrund unserer Erfahrung ebenfalls eine hohe intrinsische Motivation.

III. GRUNDBEGRIFFE DER STATISTIK

Unter Berücksichtigung dieser Überlegungen empfiehlt sich ein Mittelweg als Mischung aus beiden Wegen. In jedem Fall sollte aber zumindest eine im Umfang kleine realisierbare Erhebung etwa in Umfeld der Schule von den Schülern durchgeführt werden. Mögliche Themen wären etwa:

- Erhebung zum Fernsehverhalten der Mitschüler einer bestimmten Klassenstufe,
- Erhebung über aktiv betriebene Sportarten der Schüler einer Schule,
- Erhebung zu Berufswünschen der Schüler der Abgangsklassen,
- Erhebung über Mitgliedschaften von Schülern in Jugendverbänden,
- Erhebung zum "Nikotingenuß" der Mitschüler (Raucher, Nichtraucher, Gelegenheitsraucher, usw.).

Es ist wichtig, daß die Schüler das Thema der Erhebung selbst bestimmen. Dieses Vorgehen ist besonders *zu Beginn* einer unterrichtlichen Behandlung von großem Vorteil. Schüler lernen so unmittelbar die Schwierigkeiten einer Datenerhebung kennen, und sie sind motiviert, die Daten aufzubereiten und auszuwerten, da sie ja das Thema interessiert und die Daten evtl. interessante Informationen über die Fragestellung liefern.

Welchen Weg man auch beschreitet, stets müssen dabei einige Grundbegriffe der beschreibenden Statistik eingeführt werden, wie z.b. Erhebung, statistische Einheit, Merkmal, Merkmalsausprägung und Häufigkeit. Die Vermittlung einer fachspezifischen Sprache erleichtert dann später das Unterrichtsgespräch. Im folgenden Abschnitt 2 beschreiben wir zunächst kurz wie man an Hand einer von Schülern selbst durchgeführten Erhebung die statistischen Grundbegriffe beispielgebunden einführen kann. Anschließend formulieren wir die Grundbegriffe dann allgemeiner.

2. Grundbegriffe der beschreibenden Statistik

Bei der folgenden von Schülern selbst durchgeführten Erhebung handelt es sich um eine schriftliche Erhebung mittels eines Fragebogens. Gemeinsam mit den Schülern wurden das Projekt und der Umfang der Erhebung festgelegt. Es sollte das "Fernsehverhalten der Mitschüler" untersucht werden. Der folgende Fragebogen wurde von den Schülern einer Klasse7/Hauptschule in Münster erarbeitet. Anhand dieses Fragebogens erläutern wir einige Grundbegriffe der Statistik. So oder ähnlich läßt sich das auch im Unterricht beispielgebunden realisieren.

2. GRUNDBEGRIFFE

Statistische Umfrage zum Fernsehverhalten

Geschlecht: männlich ☐
          weiblich ☐

Alter:.......... Jahre

1. Wieviele Stunden siehst Du durchschnittlich am Tag fern?
   a) Montag - Freitag ......Std.
   b) Samstag   ......Std.
   c) Sonntag   ......Std.

2. Wie lange darfst du fernsehen? Gib die Uhrzeit an.
   a) Montag - Freitag ......Uhr
   b) Samstag   ......Uhr
   c) Sonntag   ......Uhr

3. Wie oft siehst Du folgende Fernsehsendungen:

	gar nicht	manchmal	oft	sehr oft
a) Tagesschau				
b) Informationssendungen über Kultur, Politik, Wissenschaft, Wirtschaft				
c) Unterhaltungssendungen				
d) Sportsendungen				
e) Jugendprogramm				
f) Kriminalfilme				
g) Spielfilme				

4. Wer bestimmt in der Familie das jeweilige Programm ab 18 Uhr?
   (mehrere Kreuze sind möglich)
   Vater ☐   Geschwister ☐   sonstige Familienangehörige ☐
   Mutter ☐   ich selbst ☐   die Mehrheit ☐
   keine Diskussion, da mehrere Geräte vorhanden ☐

5. Wie oft wird in der Familie über Fernsehprogramme diskutiert?
   gar nicht ☐   manchmal ☐   oft ☐

6. Welches sind deine Lieblingssendungen?
   1. ....
   2. ....

7. Bist Du für einen fernsehfreien Tag pro Woche?
   Ja ☐   Nein ☐   Wenn ja, welcher Tag? ....

8. Was machst Du in Deiner Freizeit am liebsten?
   ....

III. GRUNDBEGRIFFE DER STATISTIK

Befragt wurden 130 Schüler der Klassenstufe 7 einer bestimmten Hauptschule in Münster im Jahre 1978. Diese Schüler bilden die **statistischen Einheiten** (Merkmalsträger, Informationsträger) der **statistischen Erhebung**. Sie sind durch **Identifikationsmerkmale** bestimmt: Bestimmte Schule, bestimmte Jahrgangsstufe, bestimmter Zeitraum. Diese Personen werden auf **Merkmale** untersucht, so wird z.B. nach dem Alter, nach dem Geschlecht, nach dem Fernsehverhalten, nach persönlichen Neigungen gefragt. Merkmale können verschiedene Ausprägungen annehmen. So kann z.b. das Merkmal Geschlecht die Ausprägungen männlich bzw. weiblich annehmen. Das Merkmal Alter nahm in unserer Erhebung reelle Zahlenwerte zwischen 12 und 16 (Jahre) an. Die möglichen Werte, die ein Merkmal annehmen kann, heißen **Merkmalsausprägungen**.
Merkmale lassen sich noch weiter differenzieren. Die Merkmalsausprägungen "männlich" bzw. "weiblich" des Merkmals Geschlecht sind Beschreibungen und nicht meßbar. Man sagt, das Merkmal Geschlecht ist ein **qualitatives Merkmal oder nominalskaliertes Merkmal**. Das Merkmal Alter dagegen nimmt als Ausprägungen reelle Zahlen an, es handelt sich um ein **quantitatives Merkmal oder metrischskaliertes Merkmal**. Quantitative Merkmale erlauben Rechenoperationen, wie sie etwa bei der Berechnung des Durchschnittsalters erforderlich sind. Ein quantitatives Merkmal ist auch die Anzahl der im Fragebogen abgerufenen Fernsehstunden. Dagegen konnten die Schüler bei der Frage "Wie oft siehst Du folgende Fernsehsendungen?" nur die Antworten "gar nicht", "manchmal", "oft", "sehr oft" ankreuzen. Diese Merkmalsausprägungen erlauben Vergleiche, die Merkmale können angeordnet werden. Arithmetische Operationen sind auch nach einer eventuellen Codierung nicht angebracht. Man spricht in diesem Fall von **Rangmerkmalen oder ordinalskalierten Merkmalen**.
Diese am Beispiel erläuterten grundlegenden Begriffe werden im folgenden allgemeiner gefaßt, nochmals erläutert und ergänzt.
* Unter einer **statistischen Masse** (empirischen Grundgesamtheit) versteht man die durch die Identifikationsmerkmale (z.b. *weibliche* und *männliche* Bevölkerung in *Nordrhein - Westfalen* im Jahre *1992 unter 18 Jahre*) ausgezeichnete und abgegrenzte Menge von Einheiten, in der eine statistische Erhebung zur Untersuchung eines oder mehrerer Merkmale (z.B. Alter, Staatsangehörigkeit) durchgeführt wird.
* Unter einer **statistischen Einheit** (Beobachtungseinheit, Merkmalsträger) versteht man das Einzelobjekt (den Informationsträger) einer statistischen Untersuchung. Jede statistische Einheit muß wie die statistische Masse eindeutig identifizierbar bzw. abgrenzbar sein. Dieses geschieht durch die Identifikationsmerkmale.
* Bei den **Identifikationsmerkmalen** unterscheidet man
  - *sachliche Identifikationsmerkmale* (z.B. weibliche Bevölkerung unter 18 Jahre),
  - *räumliche Identifikationsmerkmale* (z.B. in Nordrhein - Westfalen),
  - *zeitliche Identifikationsmerkmale* (z.B. im Jahre 1992).
* Deckt sich die Menge der untersuchten statistischen Einheiten (Merkmalsträger) mit der statistischen Masse (der empirischen Grundgesamtheit), so spricht man von einer **Totalerhebung** (z.B. Volkszählung), wird nur ein Teil der statistischen Einheiten untersucht, spricht man von einer **Teilerhebung** oder **Stichprobe** (z.B.

2. GRUNDBEGRIFFE 25

Mikrozensus). Eine Totalerhebung ist aufwendig, teuer und nicht immer durchführbar. Will man beispielsweise mittels einer Totalerhebung die Lebensdauer von Glühlampen (Kerzenbirne, 40 Watt, klar, bestimmtes Fabrikat, bestimmter Produktionszeitraum) feststellen, so führt das zwangsläufig zu einer Zerstörung aller Glühbirnen dieses Typs. Deshalb führt man Stichproben durch. Sie sparen Kosten und sind bei den heutigen Methoden (Repräsentativerhebung) äußerst zuverlässig. Auch Volkszählungen (Totalerhebung) werden aus den genannten Gründen deshalb in der Bundesrepublik Deutschland in der Regel nur alle 10 Jahre durchgeführt. Durch den schon erwähnten Mikrozensus (s. S. 17), der seit 1957 eingeführt ist, wird die Zeitspanne überbrückt.

- Unter einem **Merkmal** versteht man eine bei einer statistischen Untersuchung interessierende Eigenschaft der statistischen Einheiten. Die statistischen Einheiten heißen deshalb Merkmalsträger und sind es auch.
- Die möglichen Werte (Kategorien), die ein Merkmal annehmen kann, nennt man **Merkmalsausprägungen** (Modalitäten) Beispiel: Merkmal "Geschlecht", Modalitäten "männlich" bzw. "weiblich".
- Registrierte Merkmalsausprägungen werden als statistische **Daten** bezeichnet. Sie sind also beobachtete Werte eines bestimmten Merkmals in einer bestimmten Grundgesamtheit. Die "Beobachtung" erfolgt nach einem festgelegten Verfahren. Die Daten werden in einer Liste, die als **Urliste** bezeichnet wird, angegeben.
- Ein **Merkmal** heißt **erschöpfend** bezüglich der Grundgesamtheit (bzgl. der statistischen Masse), wenn sich *jedem* Merkmalsträger aus der Grundgesamtheit eine Merkmalsausprägung des Merkmals zuordnen läßt. So ist das Merkmal "Staatsangehörigkeit" in der Grundgesamtheit Europa mit den vier Ausprägungen "deutsch", "französisch", "griechisch", "italienisch" sicher nicht erschöpfend. Durch Hinzufügung der Modalität "sonstige" ist es aber erschöpfend.

Anmerkung:
Durch Hinzufügen der Modalität "sonstige" kann man ein Merkmal stets zu einem erschöpfenden Merkmal machen. Man betrachte einmal unter diesem Aspekt Fragebögen und Statistiken.

- Von Bedeutung ist die Unterscheidung verschiedener **Merkmalstypen**. Denn um statistische Methoden anwenden zu können, muß feststehen, ob und in welchem Umfang mit registrierten Merkmalsausprägungen (den Daten) gerechnet werden darf. Es geht ja stets um eine Beschreibung von Wirklichkeit. Dazu ist eine Analyse der Sachsituation erforderlich, die zu einem adäquaten mathematischen Modell führt. Damit sind dann auch mögliche Rechenoperationen festgelegt. Die Unterscheidung verschiedener Merkmalstypen liefert in dieser Hinsicht einen ersten Beitrag. Wir unterscheiden: **qualitative Merkmale** (lateinisch qualitas: Beschaffenheit, Eigenschaft), **Rangmerkmale** und **quantitative Merkmale** (lateinisch quantus: wie groß).
- Die **qualitativen Merkmale** werden auch **nominalskalierte Merkmale** genannt (lateinisch nomen: Benennung, Wort). Bei ihnen sind die Merkmalsausprägungen nur Beschreibungen, sind also nicht meßbar. Die Merkmalsausprägungen lassen sich in keine Reihenfolge bringen, sie stehen gleichberechtigt nebeneinander. Man kann nur feststellen, ob sie bei einer statistischen Einheit zutreffen

oder nicht. Beispiele für nominalskalierte Merkmale sind: *Haarfarbe* (z.B. mit den Ausprägungen rot, blond, schwarz, sonstige), *Beruf* (z.B. mit den Ausprägungen Schlosser, Maurer, Elektriker, Kaufmann, Lehrer, Richter), *Staatsangehörigkeit* (z.B. mit den Merkmalsausprägungen deutsch, italienisch, spanisch, französisch), *Familienstand* (z.B. mit den Ausprägungen ledig, verheiratet, verwitwet, geschieden), *Geschlecht* (mit den Merkmalsausprägungen weiblich, männlich).
Qualitative Merkmale erlauben nur Vergleiche der Art "gleich" bzw. "ungleich", z.B. Staatsangehörigkeit von Person A ist gleich der Staatsangehörigkeit von Person B. Auch bei einer Codierung der Merkmalsausprägungen durch Zahlen folgt daraus nicht, daß sie sich anordnen lassen. Codiert man z.B. beim Geschlecht "weiblich" durch "1" und "männlich" durch "0", so macht die Aussage $0 < 1$ doch keinen Sinn.

- Die **Rangmerkmale** werden auch **ordinalskalierte Merkmale** genannt (lateinisch ordo: Reihe, Ordnung). Die Merkmalsausprägungen der ordinalskalierten Merkmale lassen sich in eine Reihenfolge bringen. Beispiel: *Schulnoten* mit den Ausprägungen sehr gut, gut, befriedigend, ausreichend, mangelhaft, ungenügend. Die Abstände zwischen verschiedenen Ausprägungen sind aber nicht gleich und nicht mathematisch interpretierbar (vgl. auch Anmerkung 3).
Bei ordinalskalierten Merkmalen sind aber Vergleiche der Art "folgt vor", "ist größer", "ist besser" möglich und erlaubt. Weitere Beispiele für Rangmerkmale sind die *Güteklassen bei Wein* (mögliche Merkmalsausprägungen sind z.B. Tafelwein, Qualitätswein oder Prädikatswein) und die *Handelsklassen bei Obst* (1. Qualität, 2. Qualität usw. oder Handelsklasse A, Handelsklasse B usw.). Auch nach einer Codierung z.B. der Güteklassen bei Wein durch Zahlen ergeben arithmetische Operationen aber keinen Sinn. Wenn bei Wein etwa "Tafelwein" durch "1", "Qualitätswein" durch "2" und "Prädikatswein" durch "3" codiert wird, so macht eine Aussage "$1+2=3$" auf diesem Hintergrund keinen Sinn.

- Die **quantitativen Merkmale** werden auch als **metrischskalierte Merkmale** bezeichnet. Bei den metrischskalierten Merkmalen sind ihre Ausprägungen angeordnet (eine Reihenfolge liegt fest) *und* die Abstände zwischen den Merkmalsausprägungen sind mathematisch interpretierbar. Die quantitativen Merkmale haben als Ausprägungen reelle Zahlen. Beispiele: *Anzahl* der Autos mit Katalysator in den Ländern der EG im Jahre 1992, *Körpergröße* von bestimmten Personen, *Alter* von Schülern einer bestimmten Klasse, *Gewicht* von Personen, *Einkommen* einer festgelegten Personengruppe. Erst die metrischskalierten Merkmale erlauben Vergleiche, Summen- und Differenzenbildungen, sowie die Berechnung des arithmetischen Mittels. Es ist z.B. sinnvoll zu sagen und interpretierbar: Person A hat dreimal so viel verdient wie Person B.

• Zählt man bei den Merkmalsausprägungen für jede Ausprägung aus, wie oft sie auftritt, so erhält man die **absolute Häufigkeit** dieser Merkmalsausprägung. Es entsteht eine **Häufigkeitsverteilung**. Ganz allgemein bezeichnet man als **absolute Häufigkeit** $H_n(x_i)$ einer Merkmalsausprägung x_i die Anzahl der statistischen Einheiten, die diese Merkmalsausprägung x_i aufweisen. Die **relative Häufigkeit**

2. GRUNDBEGRIFFE 27

$h_n(x_i)$ einer Merkmalsausprägung x_i ist dann der Quotient aus der absoluten Häufigkeit dieser Merkmalsausprägung x_i und der Summe n der absoluten Häufigkeiten *aller* Merkmalsausprägungen: $h_n(x_i) = \dfrac{H_n(x_i)}{n}$. Die Summe aller relativen Häufigkeiten ist natürlich 1.

Ein **Beispiel** schließt diese - auf wesentliche Begriffe beschränkten - allgemeinen Erörterungen ab.

Die von Frauen meist gewählten Ausbildungsberufe 1990
(Alte Bundesländer)

Nr.	Ausbildungsberuf	absolute Häufigkeit
1	Friseurin	46 171
2	Kauffrau im Einzelhandel	44 328
3	Bürokauffrau	42 316
4	Arzthelferin	41 925
5	Industriekauffrau	39 157
6	Zahnarzthelferin	30 666
7	Fachverkäuferin im Nahrungsmittelhandwerk	30 187
8	Bankkauffrau	29 501
9	Kauffrau im Groß- und Außenhandel	20 616
10	Verkäuferin	19 992

(Entnommen: Institut der Deutschen Wirtschaft Köln: Zahlen zur wirtschaftlichen Entwicklung der Bundesrepublik Deutschland. Köln 1992; Nr.130)

Analyse der im Beispiel gegebenen Datenliste
Statistische Einheit:
Eine Frau aus dem früheren Bundesgebiet, die 1990 einen Ausbildungsberuf wählte.
Statistische Masse :
Möglichkeit 1: Alle Frauen der gesamten Bundesrepublik (alte und neue Bundesländer) - Teilerhebung.
Möglichkeit 2: Alle Frauen der alten Bundesländer - Teilerhebung
Möglichkeit 3: Alle Frauen der alten Bundesländer, die 1990 einen Ausbildungsberuf wählten - Totalerhebung
Merkmal : Gewählter Ausbildungsberuf - qualitatives Merkmal
Merkmalsausprägungen: Friseurin, Kauffrau im Einzelhandel, Bürokauffrau usw.
Absolute Häufigkeit der Merkmalsausprägungen: 46 171, 44 328, 42 316 usw.

Die *angegebene* Datenliste behandelt das Merkmal "gewählter Ausbildungsberuf" nicht *erschöpfend*. Es werden nur die 10 meist gewählten Ausbildungsberufe angegeben. Auch ist die Gesamtanzahl der statistischen Einheiten nicht bekannt. Die relativen Häufigkeiten der Merkmalsausprägungen können nicht berechnet werden, da die absoluten Häufigkeiten nicht von allen Merkmalsausprägungen bekannt sind. Man kann nur relative Häufigkeiten bezogen auf die genannten ersten zehn Ausbildungsberufe berechnen.

Ergänzungen und Hinweise

1. Welche der genannten Bezeichnungen für die drei Merkmalstypen man im Unterricht verwendet, hängt von der Schulform und der Klassenstufe ab. Es ist auch zu fragen, ob diese Begriffe in jedem Fall eingeführt werden müssen. Wichtiger als die Bezeichnungen sind allerdings die mit ihnen verbundenen Sachinhalte, die der Schüler schon durchschauen sollte. Die Bezeichnungen qualitativ und quantitativ sind griffig, doch das Wort qualitativ kann auch falsche Assoziationen hervorrufen. Denn das Wort qualitativ bezeichnet etwas hinsichtlich der Qualität, und Qualität bedeutet in der Umgangssprache nicht nur Beschaffenheit, sondern beinhaltet auch Güte und Wert. Diese mit dem Wort qualitativ evtl. verbundene Wertung kann bei Schülern dann leicht Irritationen hervorrufen, wenn Merkmalsausprägungen bei qualitativen Merkmalen genannt werden. Die Aufzählung der Berufe Schlosser , Maurer , Lehrer und Richter könnte als Wertung gesehen werden und als Diskriminierung verstanden werden. Die Bezeichnung "nominalskaliertes Merkmal" scheint in diesem Sinne treffender zu sein.

Die Terminologie "-skaliertes Merkmal" für die drei Merkmalsarten ist für Schüler nicht einfach. Dazu folgende Anmerkung: Jedes Merkmal hat zwei oder mehr Ausprägungen. Um diese "messen" zu können, ist eine Skala notwendig. Je nach Art des Merkmals lassen sich seine Ausprägungen durch die folgenden Skalen messen: Nominalskala, Ordinalskala, Metrische Skala. Daraus ergeben sich die genannten Bezeichnungen für die Merkmale.

Nach Abwägen der Vor- und Nachteile würden wir für den Unterricht in der Sekundarstufe I die Verwendung der Benennungen qualitatives Merkmal, Rangmerkmal und quantitatives Merkmal empfehlen.

2. Grundsätzlich lassen sich Merkmale auch nach anderen Gesichtspunkten klassifizieren. Besonders im Zusammenhang mit quantitativen Merkmalen unterscheidet man häufig zwischen *diskreten* und *stetigen* Merkmalen. Bei den *quantitativ diskreten* Merkmalen können die Ausprägungen nur isolierte Werte annehmen. Beispiel: Die an einer Kreuzung zu einer bestimmten Zeit vorbeifahrenden Autos. Bei den *quantitativ stetigen* Merkmalen können die Ausprägungen die Werte eines Intervalls (Kontinuums) annehmen. Beispiel: Körpergröße, Füllgewicht.

Auch eine weitere Verfeinerung der metrischskalierten Merkmale in *intervallskalierte* und *proportionalskalierte Merkmale* halten wir für den Schulunterricht für nicht erforderlich. Das klassische Beispiel für ein intervallskaliertes Merkmal ist die Temperatur, die ja z.B. in °Celsius oder °Fahrenheit oder °Réaumur oder °Kelvin gemessen werden kann. Bei Wahl ein und derselben Maßeinheit sind zwar die Abstände der Merkmalsausprägungen festgelegt, doch ändern sich die Verhältnisse, wenn man eine andere Maßeinheit wählt. Insofern ist ein Aussage "6 Grad ist doppelt so warm wie 3 Grad" nur sinnvoll, wenn dieselbe Einheit zu-

2. GRUNDBEGRIFFE 29

grunde gelegt ist. Liegt für ein Merkmal eine Proportionalskala (Verhältnisskala) vor, so ist das nicht der Fall. Die Verhältnisse lassen sich vergleichen. Längen und Gewichte sind Beispiele für proportionalskalierte Merkmale.

3. Häufig werden *Schulnoten* für die einzelnen Fächer wie quantitative Merkmale behandelt. Man bildet z.B. die Durchschnittsnote als arithmetisches Mittel der Noten. Das ist sicher nicht korrekt, denn die Noten sind nur Rangmerkmale. So ist der Unterschied zwischen "1 sehr gut" und "2 gut" sicher größer als der Unterschied zwischen "2 gut" und "3 befriedigend". Und wie steht zu diesen Unterschieden der Noten der Unterschied zwischen "4 ausreichend" und "5 mangelhaft" ? Die Unterschiede zwischen den Noten sind nicht gleich. Das erkennt man ganz deutlich, wenn man bedenkt daß die Noten *verbal* festgelegt sind. So gilt z.B. für die Bewertung von Prüfungsleistungen in der Ausbildung für Lehrämter an öffentlichen Schulen in Nordrhein-Westfalen gemäß Lehrerausbildungsgesetz in der Fassung vom 23.Juni 1989 die folgende Notenskala:

"1	= sehr gut	= eine hervorragende Leistung;
2	= gut	= eine Leistung, die erheblich über den durchschnittlichen Anforderungen liegt;
3	= befriedigend	= eine Leistung, die durchschnittlichen Anforderungen entspricht;
4	= ausreichend	= eine Leistung, die trotz ihrer Mängel noch den Anforderungen genügt;
5	= mangelhaft	= eine Leistung, die wegen erheblicher Mängel den Anforderungen nicht mehr genügt;
6	= ungenügend	= eine völlig unbrauchbare Leistung."[1]

Man erkennt, daß die Zuordnung Note ↦ Zahl ziemlich willkürlich ist. Die Problematik der arithmetischen Durchschnittsbildung wird besonders deutlich, wenn man andere Zuordnungen Note ↦ Zahl als die üblichen wählt.

---

[1] Ministerium für Wissenschaft und Forschung NRW: Lehrerausbildung in Nordrhein - Westfalen. Düsseldorf 1992, S.49.

IV. Graphische Darstellungen

1. Einführung

In diesem (und im nächsten) Kapitel geht es um eine Beschreibung und Strukturierung des Datenmaterials. Man spricht von einer *Aufbereitung* der Daten. Die Bezeichnung Aufbereitung stammt von dem preußischen Statistiker *E.Engel* (1821-1896), der sie aus der Bergmannssprache übernahm. Ziel einer Aufbereitung der Daten ist es, wesentliche Informationen einer Erhebung übersichtlich zu vermitteln.

Wir behandeln die graphischen Darstellungsmöglichkeiten wie *Tabellen, Stabdiagramme, Kreisdiagramme, Blockdiagramme, Histogramme, Stengel-Blatt-Diagramme* und die *empirische Verteilungsfunktion*. Ferner geben wir auch Beispiele für *Piktogramme* und *Gesichter*. In einer dieser Formen übermitteln uns die Medien fast täglich statistische Daten aus Erhebungen. Schüler sollten deshalb die Vielfalt der graphischen Darstellungen kennen. Denn nur hinreichende Kenntnisse können Schüler in die Lage versetzen, graphische Darstellungen richtig zu lesen und kritisch zu betrachten.

Im ersten Teil dieses Kapitels führen wir anhand von Beispielen aus verschiedenen Sachgebieten die graphischen Darstellungen ein. Die Beispiele stellen Verbindungen des Mathematikunterrichts zu aktuellen Fragen und zu anderen Fächern her (Erdkunde, Biologie, Religion, Verkehrsunterricht, Rechtskunde, Umweltschutz, Wirtschaftslehre). Sie betonen also den Anwendungsbezug und das Fächerübergreifende der beschreibenden Statistik. Viele Daten haben wir dem Statistischen Jahrbuch 1992 für die Bundesrepublik Deutschland entnommen und in Tabellen geordnet dargestellt. Sie sind als Anregungen für den Unterricht gedacht. Diese Art der Datengewinnung aus statistischen Jahrbüchern und Chroniken zu vorgegebenen spezifischen Fragestellungen und die übersichtliche Darstellung der Daten in Tabellen ist für Schüler eine interessante und durchaus anspruchsvolle Aufgabe.
Zur sachgemäßen Interpretation der Daten müssen den Schülern das den Daten zugrundeliegende Begriffsfeld und das Sachumfeld bekannt sein. Das kann nicht immer vorausgesetzt werden und muß also gegebenenfalls im Unterricht erarbeitet werden.[1] Aus diesem Grunde haben wir vielen Beispielen einige wichtige Sachinformationen beigefügt.

---

1) Zum Problem der Anwendbarkeit von Mathematik, insbesonderere der Stochastik, haben wir uns an anderer Stelle ausführlich geäußert. An dieser Stelle verweisen wir darauf:
   a) Kütting, H., Didaktik der Stochastik. Mannheim 1994, S. 70-75.
   b) Kütting, H., Stochastik im Mathematikunterricht- Herausforderung oder Überforderung? In: Der Mathematikunterricht, 36, 1990, Heft 6, S. 5-19.

2.1 TABELLE

Die hier im Buch gewählte zusammenhängende Form der Einführung aller graphischen Darstellungen verteilt sich im Unterricht in der Regel auf eine längere Periode, da die beschreibende Statistik selten als ein geschlossener Unterrichtsblock auftritt. Diese Bemerkung gilt auch für die Stoffgebiete der nächsten Kapitel. Im zweiten Teil diese Kapitels geben wir Beispiele aus Zeitungen und Zeitschriften wieder, die die im ersten Teil besprochenen graphischen Darstellungen verwenden. Auch hier haben wir die Beispiele so ausgewählt, daß das Sachgebiet für Schüler interessant und subjektiv bedeutsam ist.

2. Graphische Darstellungen

2.1 URLISTE; TABELLE

Bei der Aufbereitung von Daten geht man von der **Urliste** aus. Die Urliste ist eine Aufstellung aller ermittelten Daten. Diese sind entweder in der Reihenfolge der Erhebung oder schon nach anderen Kriterien (etwa Größe oder Häufigkeit) aneinandergereiht. Im folgenden geben wir die Urliste in Form einer **Tabelle** an

Urliste bei einem registrierten Merkmal	
Merkmalsträger i	Merkmalsausprägung x_i
1	x_1
2	x_2
3	x_3
4	x_4
5	x_5

Beispiel:

Schüler der Klasse 7	Note in Mathematik
A	2
B	3
C	2
D	4
E	1

Hat man weitere Merkmale registriert, so hat die Urliste weitere Spalten für die Merkmalsausprägungen y_i, z_i usw.

Häufig erstellt man die Urliste tabellarisch in Form einer **Strichliste**.
Beispiel 1: Verkehrszählung
Jemand zählt während einer bestimmten Zeit an einer bestimmten Stelle einer Straße die vorbeikommenden Fahrradfahrer, Personenkraftwagen, Lastkraftwagen und Fußgänger und macht für jedes Objekt in einer Tabelle an der entsprechenden Stelle einen Strich. Man denke an die Striche, die ein Kellner auf dem Bierdeckel macht, um die gelieferten Biere zu zählen. Dabei bündelt man je 5 Striche zu einer Einheit. Dieses erleichtert die Addition für die Berechnung der absoluten Häufigkeiten $H_n(x_i)$ der Merkmalsausprägung x_i. Die folgende Tabelle enthält die Strichliste und in der letzten Spalte die absoluten Häufigkeiten für die einzelnen Merkmalsausprägungen.

IV. GRAPHISCHE DARSTELLUNGEN

Verkehrszählung

Verkehrsteilnehmer	Anzahlen	$H_n(x_i)$
Fahrradfahrer	┼┼┼┼ ┼┼┼┼ ┼┼┼┼ ┼┼┼┼ ┼┼┼┼ ┼┼┼┼ |	31
Personenkraftwagen	┼┼┼┼ ┼┼┼┼ ┼┼┼┼ ┼┼┼┼ | |	22
Lastkraftwagen	┼┼┼┼ |	6
Fußgänger	┼┼┼┼ | | | |	9

Beispiel 2: Fernsehverhalten
Bei der Auswertung des auf Seite 23 abgedruckten Fragebogens wurde die Frage "Wie lange siehst Du am Tag fern?" in Gruppenarbeit gemäß folgendem Auswertungsbogen begonnen (Gruppe 7):

Fernsehen	bis 1 Std.	2 Std.	3 Std.	4 Std.	5 Std.	6 Std.	länger	ungültig
Mo.-Frei.								
Striche (Strichliste)	|	| | |	| | |	|	|			
Ergebnis	1	3	3	1	1	0	0	0
Samstag								
Striche (Strichliste)		| |	|	|	|	|	| | |	
Ergebnis	0	2	1	1	1	1	3	0
Sonntag								
Striche (Strichliste)	|	|		| | | |		|	| |	
Ergebnis	1	1	0	4	0	1	2	0

Bei der Auswertung von schriftlichen Befragungen (wie im letzten Beispiel) ist zunächst festzustellen, ob ein ausgefüllter Fragebogen als "gültig" anzusehen ist. Ist z.B. eine Frage nicht korrekt, fehlerhaft oder nicht ernsthaft beantwortet, so ist der Fragebogen zumindest in dieser Frage als ungültig anzusehen. Deshalb wurde im wiedergegebenen Auswertungsbogen eine Spalte "ungültig" vorgesehen. Diese Problematik muß mit den Schülern eingehend diskutiert werden. In der wiedergegebenen Auswertung der Gruppe 7 wurden keine ungültigen Fragebögen festgestellt.
Es sollte auch darauf hingewiesen werden, daß bei der Mitteilung von Umfrageergebnissen die Öffentlichkeit häufig nicht erfährt, wieviele Personen aus einer sogenannten Repräsentativumfrage ("1000 Personen wurden befragt") tatsächlich geantwortet haben. Durch einen geringen Rücklauf kann der Charakter der Repräsentativität der Erhebung verlorengehen.

2.1 TABELLE

Strichliste und die Auszählung der Striche sind schon erste Schritte der Aufbereitung. Sie markieren **absolute Häufigkeiten** und liefern eine Informationsverdichtung. Neben den absoluten Häufigkeiten sind die **relativen Häufigkeiten** auch von Interesse. Die relativen Häufigkeiten werden häufig als prozentualer Anteil angegeben. Solche Anteilsangaben sind gebräuchliche Mittel der Datenübermittlung. Daß auch hierbei Fehler- und Manipulationsmöglichkeiten bestehen, wird in Kapitel VII aufgezeigt. Bei der Darstellung der Daten in Tabellen ist darauf zu achten, daß die Tabelle eine griffige zutreffende Überschrift erhält und daß die Eingangszeilen und Eingangsspalten präzise benannt werden. Die folgenden vier Beispiele liefern interessante Fragestellungen für den Mathematikunterricht in Verbindung mit anderen Fächern.

Die Tabelle in Beispiel 3 enthält zusätzlich eine weitere Zeile (Randzeile genannt) für die aufsummierten beförderten Güter bzw. für die aufsummierten Anteile. Auch die Tabelle in Beispiel 4 und Beispiel 5 enthält unten eine entsprechende Randzeile.

Beispiel 3:

Güterverkehr der Verkehrszweige im Jahre 1990 für das frühere Bundesgebiet

Verkehrszweig	Beförderte Güter in Millionen t	Anteil in %
Eisenbahnverkehr	310,4	8,62
Straßenverkehr mit Lastkraftfahrzeugen[1]	438,1	12,17
Nahverkehr mit Lastkraftfahrzeugen[2]	2410,0	66,96
Binnenschiffsverkehr	231,6	6,43
Seeverkehr	143,8	4,00
Rohrfernleitungen[3]	64,3	1,79
Luftverkehr	1,1	0,03
	3599,3	100,00

1) Ohne Werkfernverkehr (Einzelheiten a.a.O., S.336).
2) Ohne grenzüberschreitenden Verkehr (Einzelheiten a.a.O., S.336).
3) Nur Transport von rohem Erdöl.
(Quelle der Daten: Statistisches Jahrbuch 1992 für die Bundesrepublik Deutschland. Wiesbaden 1992, S.40 und S.336.)

Anmerkung zu Beispiel 3:
Will man das Datenmaterial nicht nur aufbereiten, sondern auch im Sachumfeld besprechen und beurteilen, sind weitere Informationen unerläßlich. So müßte man z.B. wissen, daß als Nahverkehr jede Beförderung von Gütern innerhalb der Grenzen eines Gemeindebezirks oder innerhalb der Nahzone gilt. Dabei umschließt die Nahzone das Gebiet innerhalb eines Umkreises von 50 km Luftlinie um den Standort des Fahrzeuges. Der Verkehr über die Grenzen der Nahzone hinaus oder au-

ßerhalb der Nahzone gilt als Fernverkehr. Das Gewicht der beförderten Güter wird als Bruttogewicht (einschließlich Verpackung) erfaßt. Solche und weitere Informationen findet man ebenfalls im Statistischen Jahrbuch 1992 für die Bundesrepublik Deutschland, S.334-336.

Beispiel 4:

**Bevölkerung im früheren Bundesgebiet am 25.5.1987
nach Religionszugehörigkeit**
nach dem Ergebnis der Volkszählung 1987
(nur Deutsche und ohne die Fälle "Ohne Angabe")

Angehörige	absolute Häufigkeit	relative Häufigkeit	Anteil in %
der römisch- katholischen Kirche	24 905 614	0,4460	44,60
der evangelischen Kirche	25 243 690	0,4520	45,20
der evangelischen Freikirche	371 980	0,0067	0,67
der jüdischen Religionsgesellschaft	20 655	0,0004	0,04
der islamischen Religionsgemeinschaft	47 966	0,0009	0,09
anderer Religionsgesellschaften	658 716	0,0118	1,18
keiner Religionsgesellschaft	4 590 430	0,0822	8,22
	55 839 051	1,0000	100,00

(Quelle der Daten: Statistisches Jahrbuch 1992 für die Bundesrepublik Deutschland. Wiesbaden 1992, S.67.)

Zur sachgemäßen Interpretation sind einige *Hinweise* zu Beispiel 4 geboten:
1. Laut Statistischem Jahrbuch beziehen sich die Angaben nicht auf die religiöse Überzeugung, sondern auf die rechtliche Zugehörigkeit zu einer Kirche, Religions- oder Weltanschauungsgemeinschaft (a.a.O., S.48).
2. Die in obiger Tabelle angegebenen relativen Häufigkeiten beziehen sich auf die 55 839 051 Personen *deutscher* Staatsangehörigkeit, die eine *Angabe* zur Religionszugehörigkeit *gemacht* haben, als Grundgesamtheit.
3. Da die Bevölkerung deutscher Staatsangehörigkeit im früheren Bundesgebiet gemäß Volkszählung zu diesem Zeitpunkt 56 931 467 Personen betrug, haben

2.1 TABELLE

1 092 416 Personen deutscher Staatsangehörigkeit keine Angaben zur Religionszugehörigkeit gemacht, das sind 1,92%.

4. Das Statistische Jahrbuch macht auch zusätzliche Angaben zur Religionszugehörigkeit der Ausländer. Die Anzahl der Ausländer betrug zum Zeitpunkt der Volkszählung 1987 im früheren Bundesgebiet insgesamt 4 145 575. Ihre Verteilung nach Religionszugehörigkeit kann dem Statistischen Jahrbuch ebenfalls entnommen werden (a.a.O., S.67).

5. Die Bevölkerung im früheren Bundesgebiet betrug also bei der Volkszählung 1987 insgesamt 61 077 042 Personen. Davon waren 29 322 923 männlichen Geschlechts.

Beispiel 5:

Länge der Grenzen von Deutschland

Gemeinsame Grenze mit (Land)	km	Anteil in %
Dänemark	67	1,8
Niederlande	576	15,3
Belgien	155	4,1
Luxemburg	135	3,6
Frankreich	446	11,8
Schweiz	334[1]	8,9
Österreich	784[2]	20,8
Tschechoslowakei	810	21,5
Polen	460	12,2
	3767	100,0

1) Mit Exklave (Gebietsausschluß) Büsingen, aber ohne Bodensee
2) Ohne Bodensee
(Quelle der Daten: Statistisches Jahrbuch 1992 für die Bundesrepublik Deutschland. Wiesbaden 1992, S.12.)

Hinweis: Die Tschechoslowakei ist heute in zwei selbständige Staaten aufgeteilt: Tschechische Republik und Slowakische Republik.

Im folgenden **Beispiel 6** wird die statistische Masse nach *zwei* Merkmalen untersucht. Das Merkmal "Verurteilte Person" hat die Merkmalsausprägungen Jugendlicher, Heranwachsender, Erwachsener, das Merkmal "Verurteilter wegen Vergehen im Straßenverkehr" hat die Merkmalsausprägungen "ohne Trunkenheit" und "in Trunkenheit". Das führt zu einer erweiterten Form der Tabelle. Die Tabelle erhält zwei Eingänge: Den Spalteneingang und den Zeileneingang. Die Tabelle enthält ferner eine Spalte bzw. Zeile für Zeilen- bzw. Spaltenzusammenfassungen. Sie werden *Randspalte* bzw. *Randzeile* genannt. Die Schnittstelle von Randspalte und Randzeile gibt die Summe der statistischen Einheiten an.

IV. GRAPHISCHE DARSTELLUNGEN

Wegen Vergehen im Straßenverkehr im Jahre 1990 Verurteilte
(Früheres Bundesgebiet)

	Jugendliche	Heranwachsende	Erwachsene	
Verurteilte mit Vergehen ohne Trunkenheit	4 401	13 251	86 823	104 484
Verurteilte mit Vergehen in Trunkenheit	1 231	11 300	141 666	154 197
	5 632	24 551	228 498	258 681

(Quelle der Daten: Statistisches Jahrbuch 1992 für die Bundesrepublik Deutschland. Wiesbaden 1992. S.402)

Anmerkungen zu Beispiel 6:
Auch wenn die Daten an sich schon beeindruckend sind und ebenso wie die Daten in Beispiel 9 für Schüler subjektiv bedeutsam sein können, muß der Schüler zur sachgemäßen Beurteilung der Daten zusätzlich Sachkenntnisse über die in der Tabelle genannten Begriffe aus der Rechtskunde besitzen:
- Vergehen sind von Verbrechen zu unterscheiden. Nach §12 Verbrechen und Vergehen des Strafgesetzbuches (StGB) gilt:
"(1) Verbrechen sind rechtswidrige Taten, die im Mindestmaß mit Freiheitsstrafe von einem Jahr oder darüber bedroht sind.
(2) Vergehen sind rechtswidrige Taten, die im Mindestmaß mit einer geringeren Freiheitsstrafe oder die mit einer Geldstrafe bedroht sind."
- Jugendliche sind Personen von 14 bis unter 18 Jahren, Heranwachsende sind Personen von 18 bis unter 21 Jahren, Erwachsene sind 21 Jahre und älter.
- Erwachsene werden nach allgemeinem Strafrecht, Jugendliche nach Jugendstrafrecht behandelt. Heranwachsende nehmen bei Anwendung des Strafrechts eine Sonderstellung ein. Bei ihnen kann allgemeines Strafrecht oder Jugendstrafrecht zur Anwendung kommen. Ein wesentliches Entscheidungskriterium ist hierfür zum Beispiel die "Reife" des Heranwachsenden, d.h. die sittliche und geistige Entwicklung des Heranwachsenden.
- Verurteilte sind Straffällige, gegen die entweder nach allgemeinem Strafrecht eine Freiheitsstrafe, Strafarrest und/oder Geldstrafe verhängt worden ist, oder deren Straftat nach Jugendstrafrecht mit Jugendstrafe und/oder Maßnahmen geahndet worden ist. Die Jugendstrafe beträgt mindestens 6 Monate. Maßnahmen sind Zuchtmittel (z.B. Verwarnung, Auferlegung besonderer Pflichten, Freizeitarrest) und Erziehungsmaßregeln (z.B. Schutzaufsicht, Fürsorgeerziehung).

- Personen, die noch keine 14 Jahre alt sind, können nicht verurteilt werden (§19 StGB).
- Nach §1 JGG (Jugendgerichtsgesetz) ist ein Täter, der zur Zeit der Tat noch nicht 14 Jahre alt ist, strafrechtlich überhaupt nicht verantwortlich. Hier greifen nur Maßnahmen der Fürsorge.

Kurze Zusammenfassung und Anmerkungen
Die Tabelle ist eine wichtige Form der Datenübermittlung. In der Regel geben Tabellen die Daten ohne Informationsverlust wieder. So einfach auch Tabellen auf den Leser wirken mögen, für Schüler sind Tabellen nicht trivial. Es hat sich im Unterricht gezeigt,
- daß Schüler lernen müssen, Tabellen zu erstellen,
- daß Schüler (ebenso wie gelegentlich auch Erwachsene) Schwierigkeiten haben, Tabellen sachgemäß zu lesen.

Eine Tabelle soll ein kurze, zutreffende Überschrift tragen, die den Leser über das Untersuchungsobjekt informiert. Die Eingangszeilen und Eingangsspalten sollen präzise Benennungen tragen.
Tabellen enthalten oft eine zusätzliche Spalte bzw. Zeile für Zeilen - bzw. Spaltenzusammenfassungen (siehe Beispiele 3,4,5,6,9). Sie werden Randspalte bzw. Randzeile genannt. In der Schnittstelle von Randspalte und Randzeile steht die Gesamtanzahl der statistischen Einheiten oder (bei Prozentangaben) 100%.

2.2 STABDIAGRAMM

Einen hohen Grad an Anschaulichkeit gewinnt man, wenn man die absoluten und relativen Häufigkeiten graphisch darstellt. Um Häufigkeiten darzustellen, gibt es verschiedene Möglichkeiten wie Stabdiagramm, Kreisdiagramm, Blockdiagramm und Histogramm. Dabei kann es sein, daß man einen Informationsverlust in Kauf nehmen muß, insbesondere dann, wenn die Zahlen nicht gleichzeitig im Diagramm übermittelt werden. Anschaulichkeit *und* möglichst umfassende Informationen sollten aber stets im Blick bleiben. Deshalb enthalten die genannten Diagramme häufig auch die realen Zahlen.

Wir behandeln zunächst Stabdiagramme. Das **Stabdiagramm** verwendet Stäbe in einem rechtwinkligen Koordinatensystem, wobei eine Achse als Skala für die Häufigkeiten dient. Auf der anderen Achse, meistens auf der waagerechten Achse, werden die Merkmalsausprägungen notiert. Bei qualitativen Merkmalen ist die Einteilung auf der Achse für die Merkmalsausprägungen willkürlich (Nominalskala). Die Abstände zwischen den Ausprägungen können beliebig gewählt werden. Aus optischen Gründen sollten auch bei nominalskalierten Daten die Abstände zwischen den Merkmalsausprägungen gleich gewählt werden. Die Anordnung der Merkmalsausprägungen ist bei qualitativen (nominalskalierten) Merkmalen beliebig. Bei Rangmerkmalen hat die Einteilung jedoch der Anordnung der Merkmalsausprägungen zu folgen. Die Stablänge gibt die absolute bzw. relative Häufigkeit der Merkmalsausprägungen an. Wenn man Vergleiche anstellen möchte, ist die Verwendung der relativen Häufigkeiten statt der absoluten Häufigkeiten zu empfehlen. Die Summe der Längen sämtlicher Stäbe ergibt bei der Verwendung relativer Häufigkeiten Eins.

Beispiel 7: Klausurnoten

Ein Schüler hat seine Klausurnoten aus den letzten Jahren im Fach Mathematik aufgeschrieben: 3,4,3,2,5,4,2,3,2,1,2,1,4,3,2,3,4,3.
Darstellung der Daten im Stabdiagramm:

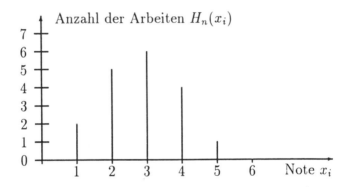

Ist der Sichprobenraum sehr groß, können große absolute Häufigkeiten auftreten. Das führt zu Schwierigkeiten, wenn man im Stabdiagramm die absoluten Häufigkeiten darstellen möchte. Man "hilft" sich dann häufig so, daß das Stabdiagramm "durchtrennte" Stäbe oder "abgeknickte" Stäbe enthält (vgl. auch Kapitel VII über Fehler und Manipulationsmöglichkeiten). Dieses Vorgehen ist nicht sachgemäß. Ebenso ist es nicht sachgemäß, die Endpunkte der Stäbe bei qualitativen und diskreten Merkmalen durch Strecken miteinander zu verbinden.

Häufig verwendet man bei Stabdiagrammen zur "optischen Aufbesserung" Rechtecke als Stäbe. Nach wie vor soll aber die *Höhe* der Rechtecke ein Maß für die absolute bzw. für die relative Häufigkeit der Merkmalsausprägung sein. Da das Auge aber die Größe der Fläche wahrnimmt, müssen die Rechtecke eine gemeinsame Breite haben, wenn die Höhe der Rechtecke ein Maß für die Häufigkeit ist. Anderenfalls sind Fehlinterpretationen nicht auszuschließen.

2.2 STABDIAGRAMM

Stabdiagramm für Beispiel 7 mit Rechtecken als Stäbe:

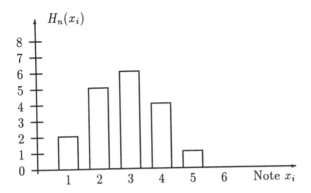

Bei graphischen Darstellungen in Zeitungen und Zeitschriften befinden sich die Stäbe häufig in horizontaler Lage. Solche Stabdiagramme nennt man auch **Balkendiagramme**.

Beispiel 8: Waldschäden in Europa

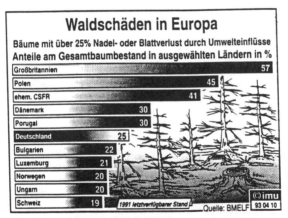

(Entnommen: Westfälische Nachrichten, Nr. 99, 29.April 1993)

IV. GRAPHISCHE DARSTELLUNGEN

Beispiel 9: Straßenverkehrsunfälle mit Personenschaden

Die Daten der folgenden Tabelle haben wir wiederum dem Statistischen Jahrbuch 1992 für die Bundesrepublik Deutschland entnommen.

**Polizeilich festgestellte Ursachen
bei Straßenverkehrsunfällen mit Personenschaden 1990 im früheren
Bundesgebiet**
(hier: Technische Mängel an Fahrzeugen als Ursache)

Verkehrsmittel	Fahrräder	Personenkraftwagen
Technische Mängel		
Beleuchtung	511	128	639
Bereifung	31	1442	1473
Bremsen	433	397	830
Lenkung	32	144	176
Zugvorrichtung	2	25	27
Andere Mängel	303	505	808
	1312	2641	3953

(Quelle der Daten: Statistisches Jahrbuch 1992 für die Bundesrepublik Deutschland. Wiesbaden 1992, S.368.)

Leider lassen die Angaben aus dem Statistischen Jahrbuch nicht erkennen, ob bei einem Verkehrsunfall als festgestellte Ursache auch Mehrfachnennungen möglich waren. So ist es z.B. denkbar, daß "Beleuchtung" *und* "Bereifung" als technische Mängel bei Fahrrädern gleichzeitig als Ursachen des Unfalls infrage kommen. Die Mächtigkeit der statistischen Masse kann also kleiner sein als 3953, wenn Mehrfachnennungen als Ursache möglich waren.

Stellt man diese Daten in einem Stabdiagramm dar, so ist bei "ungünstiger" Wahl des Maßstabes ein Informationsverlust zu befürchten, da z.B. die absolute Häufigkeit für den Mangel "Zugvorrichtung" bei Fahrrädern nur einen verschwindend kleinen Anteil ausmacht: 2 von 1312, d.h. 0,0015%. Das nachfolgende Stabdiagramm weist tatsächlich bei "Zugvorrichtung" keinen Stab aus.

2.3 KREISDIAGRAMM

Technische Mängel bei Unfällen mit Personenschaden mit Fahrrädern

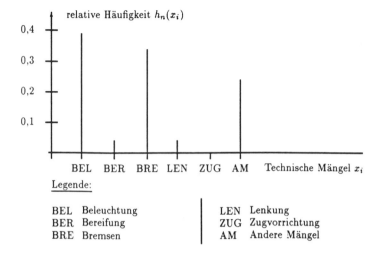

Legende:

BEL Beleuchtung
BER Bereifung
BRE Bremsen

LEN Lenkung
ZUG Zugvorrichtung
AM Andere Mängel

Die Tabelle liefert also die bessere Information.

Kurze Zusammenfassung und Anmerkungen
Stabdiagramme (Balkendiagramme) werden von den Medien häufig zur Übermittlung von Daten benutzt. Deshalb sollten Schüler diese im Unterricht kennenlernen. Dabei ist auf sorgfältiges und exaktes Zeichnen Wert zu legen. In Zeitungen und Zeitschriften erhält das eigentliche Schaubild durch die zusätzlichen Angaben der absoluten oder relativen Häufigkeiten oder Prozentzahlen in den Stäben/Balken eine leichtere Lesbarkeit. Die Graphik verstärkt visuell die Aufnahme der Zahlen. Wir verweisen auf das Beispiel 8 und auf die Beispiele im zweiten Teil dieses Kapitels.

2.3 KREISDIAGRAMM

Verwendet man Kreis- und Blockdiagramme und Histogramme um Häufigkeiten darzustellen, so wird die *Fläche* als Mittel der Veranschaulichung herangezogen.
Beim **Kreisdiagramm** wird jeder Merkmalsausprägung ein Kreissektor zugeordnet. Bezeichnet $h_n(x_i)$ die relative Häufigkeit der Merkmalsausprägung x_i, so ist der Mittelpunktswinkel α_i des zugehörigen Kreissektors bestimmt durch

$$\alpha_i = h_n(x_i) \cdot 360°.$$

Der Schüler kann diese Berechnung des Winkels α_i mit Hilfe der Dreisatzrechnung durchführen. Dabei geht man davon aus, daß der relativen Häufigkeit 1 bzw. 100% der Winkel 360° entspricht.

Kreisdiagramm für das Beispiel 5 (Deutschlands Ländergrenzen)

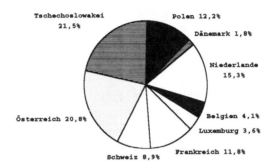

Im vorstehenden Kreisdiagramm erleichtern die zusätzlich angegebenen Prozentzahlen das richtige Lesen. Der zugehörige Kreissektor unterstützt also das Einprägen der Zahlen. Fehlen die Anteilsangaben, so erhält man durch das Kreisdiagramm optisch nur eine Vorstellung von den Größenverhältnissen. Zur exakten rechnerischen Bestimmung der relativen Häufigkeit $h_n(x_i)$ müßte in diesem Fall zuerst der zugehörige Winkel α_i gemessen werden.
Im Kreisinneren findet man gelegentlich Angaben zur Datenmenge. Stichprobenumfang, Einheitenangaben, Prozentangaben oder Jahreszahlen sind häufige Angaben. (Siehe Beispiel 10 und weitere Beispiele in Abschnitt 2.9 dieses Kapitels.)

2.4 BLOCKDIAGRAMM

Beispiel 10:

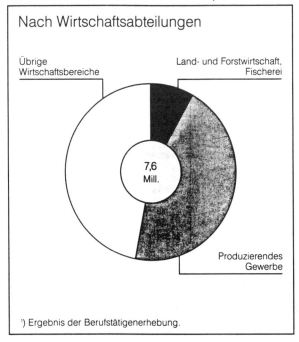

(Entnommen: Statistisches Jahrbuch 1992 für die Bundesrepublik Deutschland. Wiesbaden 1992, S.115)

2.4 BLOCKDIAGRAMM

Auch **Blockdiagramme** benutzen *Flächen* zur Darstellung der Häufigkeitsverteilungen. Man unterteilt ein Rechteck mit der Breite b und der Länge a in Teilrechtecke für die relativen Häufigkeiten der Merkmalsausprägungen x_i, i=1, ...,n. Die Wahl von a und b ist beliebig. Das Teilrechteck für die Merkmalsausprägung x_i hat dieselbe Breite b und die Länge l_i, die sich berechnet nach

$$l_i = h_n(x_i) \cdot a.$$

IV. GRAPHISCHE DARSTELLUNGEN

Blockdiagramm für das Beispiel 5 (Deutschlands Ländergrenzen)

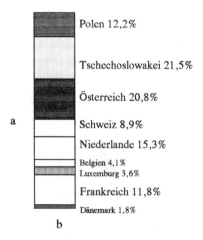

a — Polen 12,2%
Tschechoslowakei 21,5%
Österreich 20,8%
Schweiz 8,9%
Niederlande 15,3%
Belgien 4,1%
Luxemburg 3,6%
Frankreich 11,8%
Dänemark 1,8%

b

Blockdiagramme werden auch zu Vergleichszwecken herangezogen. Die Ausgangsrechtecke sind dann natürlich von gleicher Breite zu wählen.

2.4 BLOCKDIAGRAMM

Beispiel 11: Verdienen in Deutschland

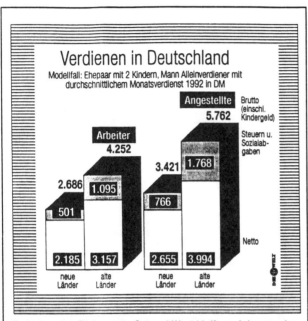

(Entnommen: Die Welt, 30. Juli 1993)

Die Vorderseiten der Quader können als Blockdiagramme angesehen werden. Die räumliche Darstellung macht die Graphik gefällig. Durch die Angabe der Zahlen ist eine Mißdeutung ausgeschlossen.

Wie Beispiel 11 schon zeigt, werden durch die moderne Computergraphik auch **dreidimensionale Darstellungen** in der beschreibenden Statistik üblich. Da dann für den Betrachter das *Volumen* das bestimmende optische Element ist, kann das bei oberflächlicher Betrachtung leicht zu Fehlinterpretationen führen. Besonders häufig treten sog. quaderförmige Säulendiagramme und Tortendiagramme auf. Der optisch gefällige Eindruck kann nicht darüber hinwegtäuschen, daß die Ablesegenauigkeit evtl. erschwert ist, wenn Zahlenangaben fehlen.

IV. GRAPHISCHE DARSTELLUNGEN

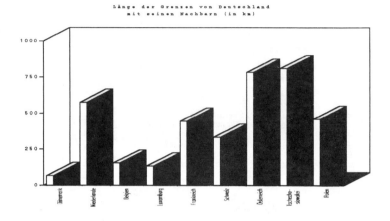

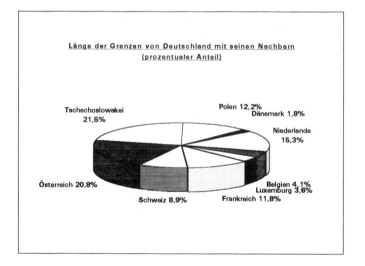

2.5 HISTOGRAMM

Für die Darstellung von Häufigkeitsverteilungen quantitativer Merkmale sind grundsätzlich alle bisher genannten Graphiken geeignet.

2.5 HISTOGRAMM

In der Praxis hat man es bei quantitativen Merkmalen häufig mit einer großen Anzahl von Merkmalsausprägungen zu tun, so daß man sie aus Gründen der Übersichtlichkeit zu Klassen zusammenfaßt. Bei stetigen quantitativen Merkmalen findet eine solche **Klassenbildung** häufig schon bei der Datenerhebung statt. Die graphische Darstellung von Klassenhäufigkeiten führt zu **Histogrammen**. An den folgenden zwei Beispielen aus der Praxis erläutern wir zunächst die Klassenbildung.

Beispiel 12: Gesetzliche Rentenversicherung

**Laufende, monatlich zu zahlende Renten am 1.7.1991
in den neuen Ländern und Ost-Berlin**

Rentenzahlbetrag	Anzahl der Renten
unter 100 DM	1 443
von 100 bis unter 250 DM	3 917
von 250 bis unter 500 DM	456 790
von 500 bis unter 750 DM	766 879
von 750 bis unter 1000 DM	1 225 088
von 1000 bis unter 1250 DM	452 977
von 1250 bis unter 1500 DM	75 909
1500 DM und mehr	8 960
	2 991 963

(Quelle der Daten: Statistisches Jahrbuch 1992 für die Bundesrepublik Deutschland. Wiesbaden 1992, S. 498.)

Beispiel 13: Aufnahme von Aussiedlern

**Aufnahme von Aussiedlern nach Altersgruppen
im Jahre 1991 in Deutschland**

Altersgruppe	Anzahl
unter 6 Jahren	23425
von 6 bis unter 18 Jahren	47 843
von 18 bis unter 25 Jahren	23 966
von 25 bis unter 45 Jahren	74 354
von 45 bis unter 65 Jahren	38 612
65 und mehr Jahre	13 795
	221 995

(Quelle der Daten: Statistisches Jahrbuch 1992 für die Bundesrepublik Deutschland. Wiesbaden 1992, S.91.)

Wie in diesen Beispielen angegeben, wählt man in der beschreibenden Statistik bei der Klasseneinteilung generell *halboffene* (meistens *rechtsoffene*) *Intervalle*. Die

erste bzw. die letzte Klasse kann zudem links bzw. rechts "unbeschränkt" sein. Bei 5 Klassen hätte man die folgende Klasseneinteilung:
]-∞, x_1[, [x_1, x_2[, [x_2, x_3[, [x_3, x_4[, [$x_4, +\infty$[.
Unter der **Klassenbreite** der **i-ten Klasse** $k_i := [x_{i-1}, x_i[$ versteht man die Differenz $\Delta k_i = x_i - x_{i-1}$.

Als **Klassenmitte der Klasse k_i** wird die Zahl $\frac{1}{2} \cdot (x_{i-1} + x_i)$ definiert. Sie wird als **Repräsentant** der Klasse k_i betrachtet. Wie die Beispiele zeigen, müssen die Klassenbreiten nicht gleich sein.

Die **Klassenanzahl** soll aus Gründen der Übersichtlichkeit nicht zu groß sein. In der Regel wählt man maximal 25 Klassen.

Hinweis:
Schon hier soll darauf hingewiesen werden, daß durch das Festsetzen der Klassenbreite und Klassenanzahl die Gefahr fahrlässiger oder sogar gewollter Täuschung besteht. (Vgl. auch Beispiel 4, Gehaltsstatistik eines Betriebes, S.84.f.).

Das folgende **Beispiel 14** enthält in der Tabelle neben den Klassen und Klassenhäufigkeiten auch die Angaben der Klassenbreiten und Klassenmitten. Wir haben sechs Klassen gewählt. Fünf der sechs Klassen haben die gleiche Klassenbreite. In der letzten Spalte enthält die Tabelle auch schon die Häufigkeitsdichte, die man zum Erstellen des Histogramms benötigt.

Beispiel 14: Alter der Mütter von Lebendgeborenen

Alter der Mütter von Lebendgeborenen im Jahre 1990 im früheren Bundesgebiet

Altersklasse k_i	absolute Klassenhäufigkeit	relative Klassenhäufigkeit	Klassenbreite	Klassenmitte	Häufigkeitsdichte
[15,20[	20 652	0,03	5	17,5	0,006
[20,25[	143 361	0,20	5	22,5	0,040
[25,30[	295 659	0,41	5	27,5	0,082
[30,35[	195 424	0,27	5	32,5	0,054
[35,40[	61 243	0,08	5	37,5	0,016
[40,44[	10 243	0,01	4	42	0,003
	726 582	1,00			

(Urliste entnommen: Statistisches Jahrbuch 1992 für die Bundesrepublik Deutschland, Wiesbaden 1992, S.78.)

Zur graphischen Darstellung von Klassenhäufigkeiten mit beschränkten Randklassen benutzt man **Histogramme**. Bei den Histogrammen werden in einem rechtwinkligen Koordinatensystem über den einzelnen Klassen Rechtecke gezeichnet. Als Maß für die absolute bzw. relative Klassenhäufigkeit ist die **Fläche** der Rechtecke (**nicht ihre Höhe**) festgelegt. Auf der vertikalen Achse sind deshalb nicht die absoluten bzw.

2.5 HISTOGRAMM

die relativen Klassenhäufigkeiten abzutragen, sondern die sog. **Häufigkeitsdichten** f_i. Die Häufigkeitsdichte f_i (die Rechteckshöhe) ergibt sich zum Beispiel für die relativen Klassenhäufigkeiten als Quotient

$$f_i = \frac{\text{relative Klassenhäufigkeit der Klasse } k_i}{\text{Klassenbreite } \Delta k_i}.$$

Das Produkt "Klassenbreite Δk_i · Häufigkeitsdichte f_i" ist also die Maßzahl des Flächeninhalts des Rechtecks und gibt damit die Klassenhäufigkeit an. Sind alle Klassen gleich breit, können die Höhen der Rechtecke unmittelbar als Maß für die Klassenhäufigkeiten angesehen werden. Das ist aber meistens nicht der Fall. Analog wird auch die Häufigkeitsdichte für die absolute Klassenhäufigkeit bestimmt.

Histogramm für das Beispiel 14 (Alter der Mütter von Lebendgeborenen):

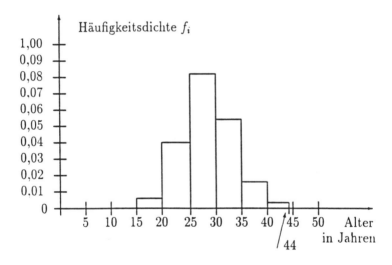

Im Unterschied zu Beispiel 14 sind im Beispiel 13 (Aufnahme von Aussiedlern) die Klassenbreiten sehr unterschiedlich. Zur Erstellung des Histogramms für Beispiel 13 haben wir die nach unten offene erste Klasse durch 0 und die nach oben offene letzte Klasse durch 100 abgeschlossen. Wir erhalten dann das folgende

IV. GRAPHISCHE DARSTELLUNGEN

Histogramm für das Beispiel 13 (Aufnahme von Aussiedlern)

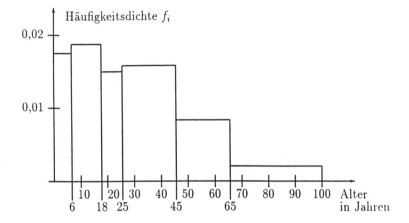

Dieses Beispiel zeigt eindrucksvoll, daß man leicht zu Fehlinterpretationen verleitet werden kann, wenn man nicht die Flächen betrachtet. Die Höhen der Rechtecke unterscheiden sich zum Teil nur unmerklich, die Klassenbreiten allerdings sehr. Es ist wichtig, daß der Schüler durch solche Kontrastbeispiele die Schwierigkeit des richtigen Lesens eines Histogramms erkennt.

Eine interessante Information mit praktischer Bedeutung liefern die im folgenden Histogramm dargestellten Daten, wie der unter dem Histogramm mitabgedruckte Text erkennen läßt.

2.5 HISTOGRAMM 51

Beispiel 15: Verteilung von Fußlängen in der Bevölkerung

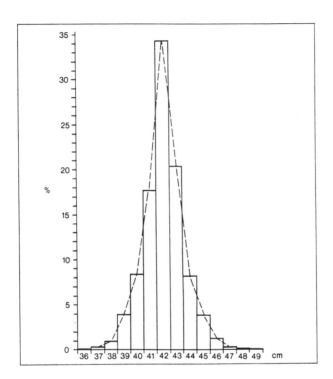

Abbildung 11b: Empirisch gefundene Verteilung von Körpermaßen (Fußlänge = Schuhgrößen) in unserer Bevölkerung. Hier zeigt sich, daß 90 % der männlichen Bevölkerung in der Bundesrepublik mit 5 Schuhgrößen (40—44) versorgt werden können.

(Entnommen: Braunfels, S.u.a.: Der »vermessene« Mensch. München 1973, S.165.)

Im Histogramm zu Beispiel 15 ist zusätzlich ein Polygonzug (Streckenzug) als gestrichelte Linie eingezeichnet. Das Einzeichnen des Polygonzuges ist hier bei Histogrammen sachlich möglich, nicht jedoch, wie wir schon früher bemerkten, bei Stabdiagrammen. Denn bei Histogrammen haben wir es mit quantitativen Merkmalen zu tun, und Histogramme unterscheiden sich von Stabdiagrammen z.B. auch dadurch, daß die Rechtecke (Säulen) unmittelbar aufeinander stoßen (aneinander liegen).

Bei gleicher Klassenbreite aller Klassen ist es ein durchaus übliches Verfahren, zur optischen "Aufbesserung" des Histogramms einen Polygonzug einzuzeichnen. Man kann auch ein Histogramm ganz durch einen Polygonzug ersetzen.
Hinweis: Häufigkeitspolygone findet man aber auch bei Klassen unterschiedlicher Breite.

Zur Konstruktion des Polygonzuges: Sind die Klassen $k_1, k_2, ..., k_n$ gleicher Breite Δk gegeben und bezeichnet x_i^* die Klassenmitte der Klasse k_i, so konstruiert man den Polygonzug auf folgende Weise: Man verbindet die Punkte (x_i^*, f_i^*) durch einen Streckenzug und verlängert diesen nach links bis zum Punkt $(x_1^* - \Delta k, 0)$ und nach rechts bis zum Punkt $(x_n^* + \Delta k, 0)$. Diese Verlängerungen nach links und nach rechts können aber auch fehlen. Der Leser möge nach diesem Konstruktionsverfahren nachträglich in das Histogramm für Beispiel 14 den Polygonzug einzeichnen.

Kurze Zusammenfassung und Anmerkungen
Bei Kreisdiagrammen, Blockdiagrammen und Histogrammen stellen *Flächen* die jeweiligen Anteile dar. Dazu sind zusätzliche Rechnungen erforderlich. Es sind Winkel bzw. Rechtecksseiten zu berechnen. Bei Kreis- bzw. Blockdiagrammen kann der Schüler den Winkel bzw. die Seite elementar mit Hilfe des Dreisatzes bestimmen. Das kann für Schüler der Sekundarstufe I/Hauptschule schon eine Schwierigkeit bedeuten. Unsere Erfahrungen haben gezeigt, daß man hier behutsam vorgehen muß und auch etwas Zeit investieren muß zur sorgfältigen Erstellung der Schaubilder. Wir halten es für wichtig, daß die Schüler selbständig Schaubilder zeichnen. Durch das Tun prägt sich ein, daß es sich um flächenhafte Veranschaulichungen handelt.

2.6 STENGEL -BLATT - DIAGRAMM

Um auf elementarer Ebene Daten übersichtlich anzuordnen und gleichzeitig Klassenhäufigkeitsverteilungen deutlich zu machen, kann man das **Stengel-Blatt-Diagramm (stem-and-leaf-display)** einsetzen. Es gehört zu den Methoden der Explorativen Datenanalyse (abgekürzt heute als EDA), die Tukey 1977 in seinem Buch "Exploratory Data Analysis" dargestellt hat.
Beim Stengel-Blatt-Diagramm werden nur die "führenden" Ziffern der Daten berücksichtigt und nach einem bestimmten Schema notiert. Die erste bzw. die ersten (zwei) Ziffern der Daten werden links von einem "senkrecht" zur Heftseite gezogenen Strich, die zweite bzw. die dritte Ziffer (allgemeiner: die direkt auf sie folgende Ziffer) rechts vom Strich in der gleichen Zeile aufgeschrieben. Die anderen nachfolgenden Ziffern der Daten bleiben unberücksichtigt. Die links vom Trennstrich geschriebene Ziffernfolge bildet den Stengel (Stamm), die rechts geschriebenen Ziffern sind die Blätter. Die im Stamm untereinanderstehenden Zahlen markieren also die Klassen, die rechts vom Strich in der Zeile hinter einer "Stammzahl" stehen-

2.6 STENGEL-BLATT-DIAGRAMM 53

den Ziffern geben die Beobachtungswerte innerhalb der Klasse an. Diese Ziffern werden der Größe nach geordnet.

Beispiel 16: Körpergewicht von Kindern
Bei einer medizinischen Untersuchung einer Schulklasse wurden bei den 30 Kindern folgende Körpergewichte (in kg) notiert (Urliste):

```
35  27  36  42  50  32  35  29  44  40  36
38  45  40  42  34  38  43  45  42  37  45
51  48  31  34  46  30  38  35
```

Stem-and-leaf-display(dieser Daten):

```
2 | 7 9
3 | 0 1 2 4 4 5 5 5 6 6 7 8 8 8
4 | 0 0 2 2 2 3 4 5 5 5 6 8
5 | 0 1
```

Man erkennt, daß das Stengel-Blatt-Diagramm einer Strichliste und auch einem Balkendiagramm (Rechtecksäulen) ähnelt. Bereiche, in denen sich Daten konzentrieren, werden schön hervorgehoben. Am Stengel-Blatt-Diagramm können auch leicht Kennzahlen (z.B. Quantile) für die Daten abgelesen werden (vgl. nächstes Kapitel).

Häufig entzerrt man das Stengel-Blatt-Diagramm durch Verfeinerungen, indem man für die Blätter einer Klasse zwei Zeilen verwendet. Im obigen Beispiel 16 könnte man beispielsweise getrennte Zeilen für die Einer von 0 bis 4 und für die Einer von 5 bis 9 vorsehen:

```
2 | 7 9
3 | 0 1 2 4 4
3 | 5 5 5 6 6 7 8 8 8
4 | 0 0 2 2 2 3 4
4 | 5 5 5 6 8
5 | 0 1
```

Beispiel 17: Kohlenmonoxid in Auspuffabgasen von Autos

In einem Schulbuch wird das Stengel-Blatt-Diagramm wie folgt eingeführt. Zunächst werden die Daten mitgeteilt. Es handelt sich um die an einem Tag in einer Werkstatt gemessenen Prozentwerte von Kohlenmonoxid (CO) in den Auspuffabgasen von Autos (Urliste):

```
2,2  1,8  2,4  2,1  1,9  2,0  2,4  1,9
2,0  1,8  1,7  1,9  2,0  2,2  2,1  2,0
1,9  1,9  2,5  2,0  2,8  3,8  1,9  3,2
5,0  2,3  2,6  2,4  2,0  1,8
```

Dann wird das Stengel-Blatt-Diagramm eingeführt:

Vergleich die beiden folgenden Darstellungen mit der Urliste!

1,	8, 9, 9, 8, 7, 9, 9, 9, 9, 9
2,	2, 4, 1, 0, 4, 0, 0, 2, 1, 0, 5, 0, 8, 3, 6, 4, 0
3,	8, 2
4,	
5,	0

1,	7, 8, 8, 9, 9, 9, 9, 9, 9, 9
2,	0, 0, 0, 0, 0, 0, 1, 1, 2, 2, 3, 4, 4, 4, 5, 6, 8
3,	2, 8
4,	
5,	0

Solche „Schaubilder" heißen **Stengel-Blatt-Diagramme**.
Links vom Strich stehen die „**Stengel**" (in unserem Beispiel: die Einer).
Rechts vom Strich stehen die „**Blätter**" (in unserem Beispiel: die Zehntel).
Erst „Stengel" und „Blatt" gemeinsam legen jeweils einen Wert fest.
Im oberen Diagramm sind die Blätter ungeordnet. Aus ihm kann man die Verteilung der Häufigkeiten recht gut erkennen.
Will man darüber hinaus den kleinsten und den größten Wert, den Zentralwert und den Modalwert unmittelbar ablesen können, so verwendet man das untere Diagramm. In ihm sind die Blätter geordnet.

(Entnommen: Mathematik Arbeitsbuch 3 (Hrsg.: Laub/ Hruby/ Reichel u.a.).
Hölder - Pichler - Tempski, Wien 1987, S.180f.)

Hinweis:
Auf die Kommata (insbesondere bei den Blättern) verzichtet man in der Regel.
Ebenso gibt man in der Regel das Stengel-Blatt-Diagramm mit "geordneten" Blättern an. (vgl. Bsp. 16).

2.7 PIKTOGRAMM UND GESICHTER

Es gibt noch weitere Darstellungsformen für Daten. Wir erwähnen noch die **Piktogramme** und die **Gesichter**.
Bei den sog. **Piktogrammen** (Symboldiagrammen) werden statt der Balken, Säulen oder Stäbe symbolhaft *Figuren* für die graphische Darstellung der statistischen Daten benutzt. Ein Symbol (häufig eine Abbildung der Merkmalsträger) bedeutet dann eine bestimmte grundgelegte Einheitsmenge, z.B. kann das Symbol ⚥ für 1000 Personen stehen. Das Symbol 🚗 könnte eine Million Autos bedeuten. Man verwendet auch geometrische Symbole (Kreise, Dreiecke), da diese sich einfacher zeichnen lassen. Das ist im folgenden Beispiel der Fall.

2.7 PIKTOGRAMM

Beispiel 18: Projektbewilligungen durch Misereor
Projektbewilligungen 1980 im Bildungswesen in Westafrika durch Misereor im **Piktogramm** dargestellt.

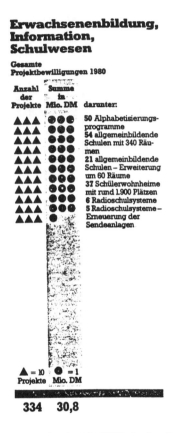

(Entnommen: Misereor Jahresbericht 1980. Aachen 1981, S.18)

Man erkennt, daß sich die angegebene Anzahl der Projekte (334) und auch die Summe (30,8 Millionen DM) nicht exakt aus der Anzahl der jeweiligen Symbole ergeben. Um Teile der durch das Symbol festgelegten Einheit darstellen zu können, müßte man Teile des Symbols darstellen oder das Symbol entsprechend verkleinern. Piktogramme können also ungenau sein.
Im folgenden piktogrammähnlichen Schaubild machen die Zahlenangaben die entscheidende Aussage. Das personenähnliche Symbol ist nicht wohldefiniert. Es fungiert in dieser Graphik nicht als Symbol für eine bestimmte Größe als Einheit. Das erschwert das richtige Aufnehmen der Zahlen des Schaubildes.

IV. GRAPHISCHE DARSTELLUNGEN

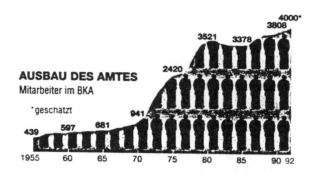

(Entnommen: Der Spiegel, Nr. 1., 47. Jahrgang., 4. Januar 1993, S. 41)
Hinweis: BKA ist die Abkürzung für Bundeskriminalamt.

Untersucht man an jeder statistischen Einheit gleichzeitig mehrere Merkmale unterschiedlicher Bedeutung, so spricht man von mehrdimensionalen (multivariaten) Verteilungen. Um mehrdimensionale Daten darzustellen, ist man u.a. auch auf figurative Darstellungen wie **Gesichter** gekommen. Jedem Merkmal wird ein Gesichtsteil zugeordnet (z.B. Nase, Mund, Stirn, Auge usw.) Die Darstellung der Gesichtsteile (hohe Stirn - flache Stirn, spitzer Mund - breiter Mund, spitze Nase - breite Nase usw.) wird in Abhängigkeit vom jeweiligen Merkmalswert der Merkmalsausprägung gezeichnet. Das Datentupel für jede statistische Einheit ist dann durch ein solches Gesicht dargestellt. Bekannt geworden sind die CHERNOFF - Gesichter und die FLURY-RIEDWYL - Gesichter. Der Leser beurteile selbst, welchen Informationsgehalt Gesichter letztendlich haben können. Das wäre sicher auch ein interessantes Diskussionsthema für Schüler.

Beispiel 19: Chernoff - Gesichter für falsche und echte Schweizer Banknoten bei Auswertung von 6 Merkmalen.

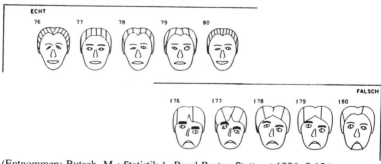

(Entnommen: Rutsch, M.: Statistik 1. Basel-Boston-Stuttgart 1986, S.12.)

2.8 VERTEILUNGSFUNKTION

Während die Gesichter für die echten Noten strahlen, schauen die Gesichter für die gefälschten Noten doch recht bekümmert aus.

2.8 DIE EMPIRISCHE VERTEILUNGSFUNKTION

Zur Datenbeschreibung bietet sich bei speziellen Fragestellungen eine weitere Möglichkeit an: die **empirische Verteilungsfunktion**. Denn häufig interessieren nicht so sehr die einzelnen Häufigkeiten einer Merkmalsausprägung, als vielmehr Fragen der Art: Wieviele Kinder der Klasse haben ein Gewicht unter 40 kg ? (s. Beispiel 16). Wie groß ist die Anzahl der in einer Stadt zugelassenen Autos unter 1500 ccm? Diese Fragen zielen auf Summen von Häufigkeiten bei ordinalen oder quantitativen Merkmalen, deren Merkmalsausprägungen der Größe nach geordnet werden können. Man addiert die relativen Häufigkeiten bis zu der durch die Frage bestimmten Stelle auf. Durch die Folge der Summen der relativen Häufigkeiten kann eine Funktion bestimmt werden, die als die (kumulative) **empirische Verteilungsfunktion** H bezeichnet wird. H wird für alle $x \in \mathbb{R}$ definiert und nimmt natürlich nur Werte aus [0,1] an. Bei der Größe nach geordneten Merkmalsausprägungen $a_1, a_2, \ldots, a_s$ definiert man H(x) durch

$$H(x) := \begin{cases} 0 \text{ für } x < a_1 \\ \sum_{i=1}^{r} h_n(a_i) \text{ für } a_r \leq x < a_{r+1} \\ 1 \text{ für } x \geq a_s \end{cases}$$

Die **empirische Verteilungsfunktion** für das Beispiel 7 (Klausurnoten) ist gegeben durch:

$$H(x) = \begin{cases} 0 \text{ für } x < 1 \\ \frac{2}{18} \text{ für } 1 \leq x < 2 \\ \frac{7}{18} \text{ für } 2 \leq x < 3 \\ \frac{13}{18} \text{ für } 3 \leq x < 4 \\ \frac{17}{18} \text{ für } 4 \leq x < 5 \\ 1 \text{ für } x \geq 5 \end{cases}$$

Die empirische Verteilungsfunktion ist bei diskreten Merkmalen (wie in diesem Beispiel) eine Treppenfunktion. Im folgenden Graphen bedeutet der Punkt •, daß der Funktionswert bei $x = a_r$ angenommen wird, der Bogen) bedeutet entsprechend die Nichtannahme des Funktionswertes.
Der Graph der empirischen Verteilungsfunktion für Beispiel 7:

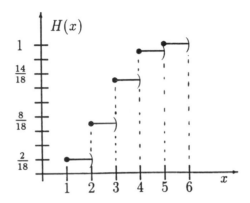

In der Regel hat man es bei den angesprochenen Fragen mit klassierten Daten zu tun. Hier sind entsprechend die Klassenhäufigkeiten aufzuaddieren (zu kumulieren).
Hat man eine Klasseneinteilung mit den Klassen $k_1, k_2, ..., k_s$ mit $k_i = [x_{i-1}, x_i[$, und bedeutet $h_n(k_i)$ die relative Häufigkeit der Klasse k_i, so nimmt man als Näherung der empirischen Verteilungsfunktion die Funktion
H: IR→[0,1] mit

$$H(x) := \begin{cases} 0 \text{ für } x < x_0 \\ \sum_{i=1}^{r} h_n(k_i) \text{ für } x \in k_r, 1 \leq r < s \\ 1 \text{ für } x \geq x_s \end{cases}$$

2.9 BEISPIELE IN DER PRAXIS

Für die empirische Verteilungsfunktion des Beispiels 16 (Körpergewichte von Kindern einer Schulklasse) erhalten wir, wenn wir die vier Klassen [20,30[, [30, 40[, [40,50[,[50,60[bilden, das folgende Bild:

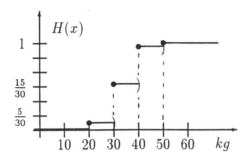

2.9 BEISPIELE GRAPHISCHER DARSTELLUNGEN IN DER PRAXIS

In der Praxis (Zeitungen, Zeitschriften, Bücher, Fernsehen) findet man zahlreiche Graphiken zu interessanten Erhebungen. Dabei sind den eigentlichen Diagrammen oft weitere Bilder unterlegt, die in Beziehung zum Sachproblem stehen. Dadurch werden die Diagramme "visuell attraktiver" und fallen eher auf.

Texte zu den Schaubildern geben häufig notwendige Informationen für den dargestellten Sachverhalt, können aber auch weitere Daten mitteilen, die im Schaubild nicht berücksichtigt wurden. Kritische Leser werden dieses "Kleingedruckte" mit besonderer Sorgfalt lesen. Die folgenden Beispiele dokumentieren die Vielfalt der Darstellungsmöglichkeiten und können als Anregungen für die unterrichtliche Arbeit verstanden werden. Dabei sollten Fragen nach dem Ursprung der Daten, nach der Merkmalsart und nach dem Diagrammtyp gestellt werden. Ferner dürfte eine kritische Überprüfung der Überschrift des Schaubildes und des Schaubildes selbst hinsichtlich der Angemessenheit, Korrektheit und Aussagekraft nicht fehlen. Die Schüler könnten auch aufgefordert werden, eine andere graphische Darstellung als die jeweils vorliegende für die Daten zu erstellen. Zu einigen Schaubildern geben wir kritische Hinweise.

IV. GRAPHISCHE DARSTELLUNGEN

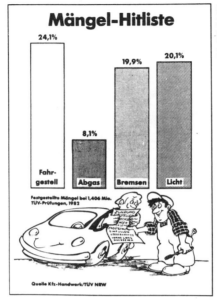

Mängel-Hitliste

24,1% 19,9% 20,1% 8,1%

Fahrgestell | Abgas | Bremsen | Licht

Festgestellte Mängel bei 1,406 Mio. TÜV-Prüfungen, 1982

Quelle Kfz-Handwerk/TÜV NRW

KEINE EXPERIMENTE. Bei Reparaturen an wichtigen Teilen gehört das Auto immer in den Kfz-Meisterbetrieb. Das rät das Kfz-Handwerk.

Kleine Wartungs- und Pflegearbeiten, wie z. B. Lackpflege, Auswechseln einer defekten Birne usw. seien vom Autobesitzer zwar durchaus selbst durchzuführen. Die Statistik zeige aber, daß gerade ältere Auto-Baujahre überproportional öfter wegen technischer Mängel in Unfälle verwickelt sind. Das müsse nicht sein, wenn das Fahrzeug regelmäßig vom Fachmann, dem Kfz-Meisterbetrieb, gewartet werde, raten die Handwerks-Meister.

(Entnommen: Westfälische Nachrichten, Nr.18, 21.Januar 1984)

Was Lehrlinge lernen

Die am stärksten besetzten Lehrberufe Anfang 1983

Jungen

Kfz-Mechaniker 81254
56793 Elektriker
46102 Maschinenschlosser
39610 Tischler
35229 Maurer
34629 Maler
32734 Installateur
26339 Groß- u. Außenhandelskaufmann
25523 Bäcker
22579 Schlosser

Mädchen

Verkäuferin 103049
61406 Friseurin
38921 Bürokauffrau
38782 Arzthelferin
34587 Industriekauffrau
28348 Zahnarzthelferin
27526 Bankkauffrau
25796 Einzelhandelskauffrau
19674 Groß- u. Außenhandelskauffrau
19317 Steuerberatergehilfin

ES GIBT HEUTE 434 anerkannte Ausbildungsberufe in der Bundesrepublik Deutschland. Das reicht vom Achatschleifer bis zum Mützennäher, vom Notenstecher bis zum Zinngießer. Doch diese Namen tauchen in der Liste der beliebtesten Lehrberufe nicht auf. Denn das Hauptinteresse der Jugendlichen konzentriert sich auf wenige Berufe. Von den insgesamt 1,7 Millionen Jungen und Mädchen, die Anfang 1983 in der Lehre waren, hatten sich rund 800 000 – also fast die Hälfte – für jene 20 Ausbildungswege entschieden, die das Schaubild zeigt.

(Entnommen: Westfälische Nachrichten, Nr.260, 9.November 1983)

2.9 BEISPIELE IN DER PRAXIS 61

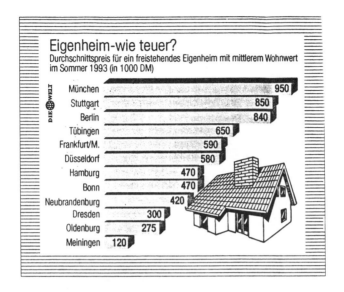

(Entnommen: Die Welt, Nr. 175, 30.Juli 1993)

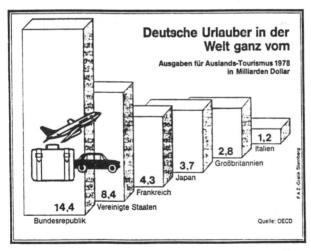

(Entnommen: Frankfurter Allgemeine Zeitung, Dezember 1979)[2]

---

2) Zu dieser Graphik siehe auch Kapitel VII, S.139

IV. GRAPHISCHE DARSTELLUNGEN

(Entnommen: Westfälische Nachrichten, Nr.: 151, 4. Juli 1981)

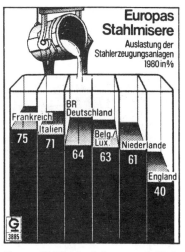

Europas Stahlkocher haben zu große Töpfe. Sie hätten im vergangenen Jahr 202 Millionen Tonnen Stahl erzeugen können; tatsächlich erschmolzen die EG-Stahlwerke aber nur 128 Millionen Tonnen, was einer Auslastung der Anlagen von nur 55 Prozent entspricht. Einzelne EG-Länder — unser Schaubild — weichen erheblich von diesem Durchschnitt ab. Die Konsequenz der Überkapazitäten und der Nachfrageschwäche war ein ruinöser Preiswettbewerb. Unter ihm litten besonders die deutschen Stahlwerke, weil ihre Konkurrenten in anderen EG-Ländern zum Teil hohe Subventionen erhalten. Angesichts des zerrütteten Marktes hatte die EG-Kommission im vorigen Jahr die Notbremse gezogen und ein Krisenkartell mit auferlegten Produktionsquoten verordnet. Dieses Zwangskartell soll jetzt durch ein freiwilliges Kartell abgelöst werden.

(Entnommen: Rheinischer Merkur/Christ und Welt, Nr.21, 22.Mai 1981)

2.9 BEISPIELE IN DER PRAXIS 63

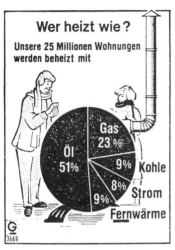

Über die Hälfte aller deutschen Haushalte vertreibt mit Heizöl die Kälte aus ihren Wohnungen. Zu diesem hohen Anteil ist es in jenen Jahren gekommen, als das Öl noch im Überfluß sprudelte und billig war. Inzwischen ist Öl knapp und teuer und zu schade zum Verbrennen.

(Entnommen: Westfälische Nachrichten, Nr. 242, 17.Oktober 1980)

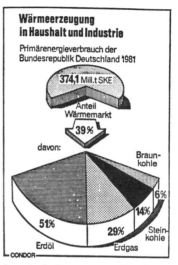

Fast vierzig Prozent unserer Energie verbrauchen wir zur Wärmeerzeugnug, den Rest zur Stromerzeugung, als Chemierohstoff oder als Treibstoff. Zu diesem sogenannten Wärmemarkt gehört das Heizen ebenso wie das Schmelzen von Stahl oder das Backen von Brot. Der Ölanteil ist in diesem Bereich immer noch besonders hoch. Es fehlten bisher Anreize, um die Importabhängigkeit durch den verstärkten Einsatz heimischer Kohle zu verringern, obwohl sie billiger ist als Öl. (co)

(Entnommen: Deutsche Tagespost, Nr. 135, 12./13. November 1983)

Eine Bemerkung zur rechten Graphik: Aus der "Torte" wird ein Stück von 39% herausgeschnitten. Diese Stück wird wieder als Einheit mit 100% angesehen und dann weiter unterteilt. Ein flüchtiger Leser könnte die Prozentzahlen falsch deuten.

Kirchliche Entwicklungshilfe - eine Übersicht

Mittelaufkommen
1959-1980

	Mio. DM
I. Misereor	
1. Kollekten und Spenden einschließlich Aktion Brüderlich Teilen	1.429,8
2. Einsparungen, Zinsen und sonstige erwirtschaftete Erträge	298,0
Gesamt	**1.727,8**
II. Verband der Diözesen Deutschlands	180,6
III. Zentralstelle für Entwicklungshilfe	
Staatliche Mittel einschließlich Mittel der Kommission der Europäischen Gemeinschaften	791,7
Insgesamt	**2.700,1**

Verwendung der Mittel
1959-1980

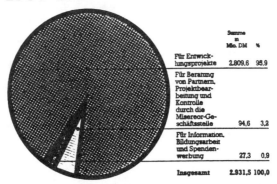

	Summe in Mio. DM	%
Für Entwicklungsprojekte	2.809,6	95,9
Für Beratung von Partnern, Projektbearbeitung und Kontrolle durch die Misereor-Geschäftsstelle	94,6	3,2
Für Information, Bildungsarbeit und Spendenwerbung	27,3	0,9
Insgesamt	**2.931,5**	**100,0**

(Entnommen: Misereor Jahresbericht 1980, Aachen 1981, S.39)

Anmerkung: Zwischen "Verwendung der Mittel" und "Mittelaufkommen" besteht eine Differenz von 231,4 Mio. DM. Diese Summe ist nicht durch Mittelaufkommen in den Jahren 1959-1980 gedeckt.

2.9 BEISPIELE IN DER PRAXIS

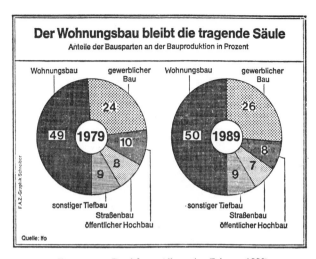

(Entnommen: Frankfurter Allgemeine Zeitung, 1989)

(Entnommen: tag + nacht, II/81, Stadtwerke Münster)

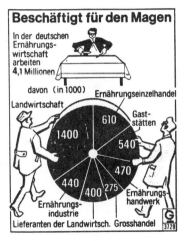

(Entnommen: Rheinischer Merkur/ Christ und Welt, Nr.51/52, 19. Dezember 1980)

IV. GRAPHISCHE DARSTELLUNGEN

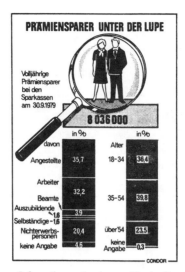

(Entnommen: Informationen. Sparkassen- Kundendienst, Mai 1981)

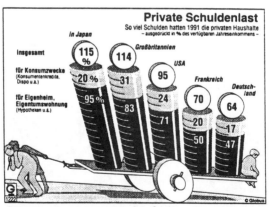

(Entnommen: Westfälische Nachrichten, Nr.114, 18. Mai 1993)

Anmerkung zur unteren Graphik: Diese Darstellung eines Blockdiagramms ist nicht optimal: Die gemeinsame Nullinie ist nicht gewährleistet, und die Säulen stehen unterschiedlich schief. Für den Unterricht ein interessantes Beispiel, da man über 100% kommt.

2.9 BEISPIELE IN DER PRAXIS

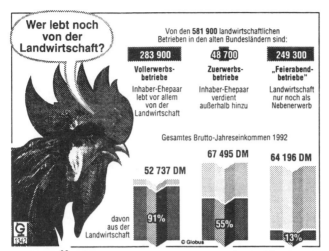

DIE HÄLFTE DER BAUERN in Westdeutschland lebt nicht mehr ausschließlich von der Landwirtschaft. 1992 gab es nur noch 283 900 Vollerwerbsbetriebe, stattdessen aber 249 300 Nebenerwerbsbetriebe. Außerdem nennt der Agrarbericht der Bundesregierung 48 700 Zuerwerbsbetriebe.

(Entnommen: Westfälische Nachrichten, Nr. 165, 20.Juli 1993)

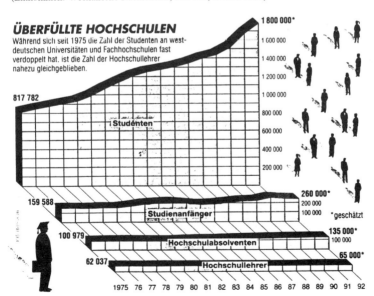

(Entnommen: Der Spiegel, Nr. 45, 2.November 1992, S.87)

3*

IV. GRAPHISCHE DARSTELLUNGEN

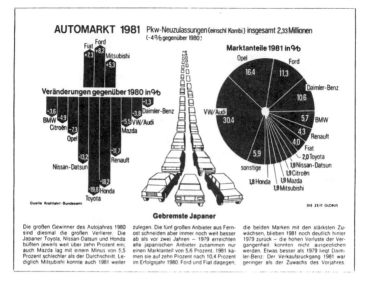

(Entnommen: Die Zeit, Nr.6, 5.Februar 1982)

Die Importfahrzeuge konnten 1983 ihren Anteil von knapp 25 Prozent auf rund 27 Prozent steigern. Allen voran die Japaner mit über 10 Prozent Marktanteil, gefolgt von den Franzosen mit 7,5 Prozent. Die Gunst der deutschen Autokäufer, nicht allein von der Vorliebe, sondern auch von der Reichweite der Geldbeutel geprägt, lag auch weiter bei deutschen Fabrikaten. Rund drei von vier neuen Fahrzeugen rollten von den Fließbändern deutscher Automobilwerke. An der Spitze lag VW, gefolgt von Opel, und an dritter Stelle – fast gleichauf – Daimler-Benz und Ford.

(Entnommen: Westfälische Nachrichten, Nr.30, 4. Februar 1984)

2.9 BEISPIELE IN DER PRAXIS 69

Anmerkungen zu den letzten zwei Schaubildern:
1. Im Schaubild "Automarkt 1981" erschwert die "symmetrische" Anordnung der mit Spitzen versehenen Rechtecke im Stabdiagramm links oben einen Vergleich der Fabrikate.
2. Das Schaubild "Kaufentscheidungen" hat die Struktur eines "gebogenen" Blockdiagramms.

Es dürfte zweifelhaft sein, ob die folgenden Graphiken noch ihrem Ziel, Daten überschaubar zu vermitteln, gerecht werden.

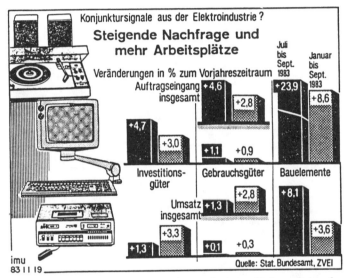

DIE BISHER in verschiedenen Branchen registrierten Verbesserungen der konjunkturellen Lage haben zwar Zuwachsraten in Umsatz und Auftragseingang gebracht, Zeichen einer Entspannung der Arbeitsmarktsituation konnten dagegen nur sehr selten festgestellt werden und wenn, waren sie so gering, daß sie kaum für erwähnenswert gehalten wurden. Anders dagegen die Elektrotechnische Industrie: Im August und September 1983 konnte die Zahl der Beschäftigten (einschließlich Auszubildende) um mehrere Tausend erhöht und die Zahl der Kurzarbeiter um fast 100 000 reduziert werden. Der Grund dafür liegt in einer Belebung der Elektrokonjunktur im 3. Quartal 1983. Die Auslandsbestellungen sind erstmals seit Mitte 1982 wieder gestiegen und auch die Inlandsaufträge nahmen weiter zu.

(Entnommen: Westfälische Nachrichten, Nr.265, 15.November 1983)

IV. GRAPHISCHE DARSTELLUNGEN

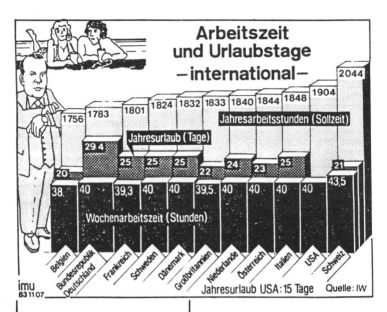

DIE BUNDESREPUBLIK rangiert im internationalen Vergleich der Jahressollarbeitszeit für Industriearbeiter am untersten Ende der Vergleichsskala und wird dort nur noch von Belgien unterboten. Ausschlaggebend hierfür ist die in Deutschland konkurrenzlos großzügige Urlaubsregelung von im Durchschnitt 29,4 Arbeitstagen. Damit liegt die jährliche Sollzeit in unseren wichtigsten Wettbewerbsländern auf dem Weltmarkt, den USA und Japan, um 120 bzw. 320 Stunden höher als bei uns.

(Entnommen: Westfälische Nachrichten, Nr.261, 10.November 1983)

3. ABSCHLIESSENDE BEMERKUNGEN

- Am häufigsten findet man in Publikationen Tabellen, Stabdiagramme, Balkendiagramme und Blockdiagramme. Histogramme sind dagegen seltener zu finden.

3. ABSCHLIESSENDE BEMERKUNGEN 71

- Beim Stabdiagramm und Balkendiagramm werden die Häufigkeiten der Merkmalsausprägungen durch die Längen paralleler Stäbe (Balken, Rechtecke) angegeben. Diese parallelen Stäbe können sowohl vertikal als auch horizontal angeordnet werden. Bei horizontaler Anordnung spricht man von Balkendiagrammen, bei vertikaler Anordnung von Stabdiagrammen. Bei Histogrammen sind die Rechtecke in der Regel parallel zur vertikalen Achse gezeichnet, die in der Regel auch die Achse für die Häufigkeitsdichten ist. Die auf der horizontalen Achse liegenden Breiten der Rechtecke repräsentieren die Meßwerte.
- Die Festlegung der Einheiten auf den Achsen soll so erfolgen, daß alle Meßwerte und Häufigkeiten korrekt und übersichtlich dargestellt werden können. Veränderungen des Maßstabes in ein und derselben Graphik sind nicht zulässig (siehe Kapitel VII. Fehler und Manipulationsmöglichkeiten).
- In der Literatur ist die Bezeichnung nicht einheitlich. So werden die von uns als Blockdiagramme bezeichneten Diagramme in der Literatur auch als Streifen- oder Säulendiagramme bezeichnet. Stabdiagramme werden auch Liniendiagramme genannt.
- Kreisdiagramme, Blockdiagramme und Histogramme stellen die Häufigkeiten als Flächen dar. Während man beim Kreisdiagramm den Anteil einer Merkmalsausprägung als Flächeninhalt des zugehörigen Kreissektors noch relativ gut schätzen und mit anderen Merkmalsausprägungen vergleichen kann, ist die Bestimmung der Häufigkeiten und ein Vergleich von Häufigkeiten bei Histogrammen grundsätzlich schwieriger, weil in der Regel Flächen von Rechtecken mit unterschiedlichen Längen und Breiten zu schätzen sind.
- Während einer Tabelle die exakten Daten direkt entnommen werden können, können die Diagramme zu einer gewissen Ungenauigkeit beim Bestimmen der Haufigkeiten führen, wenn die Häufigkeiten erst durch Messungen von Winkeln und Strecken und Rechnungen ermittelt werden können. Das ist immer der Fall, wenn die Diagramme nicht gleichzeitig die Häufigkeitsangaben enthalten. Generell kann gesagt werden, daß besonders bei der Flächendarstellung das exakte "Ablesen" der Häufigkeiten zugunsten einer gewissen Anschaulichkeit Einbußen erleidet. Will man z.B. im Kreisdiagramm den Anteil einer Merkmalsausprägung bestimmen, so muß man den zugehörigen Zentriwinkel messen, bei Stabdiagrammen und Histogrammen sind Seiten des Rechteckes auszumessen.
- Da bei Rechtecken sowohl die *Höhe* der Rechtecke (wie beim Stabdiagramm und Balkendiagramm) als auch die *Fläche* der Rechtecke (wie beim Histogramm und Blockdiagramm) das Maß für die Häufigkeit darstellen kann, erscheint es angebracht, die Rechtecke zu schraffieren, wenn die *Fläche* die Häufigkeit darstellt. Die Schraffur ist ein Signal für den Leser, daß die Fläche zu betrachten ist. Die Schaubilder aus der Praxis zeigen jedoch, daß auch die Rechtecke bei Stabdiagrammen häufig schraffiert sind. Die moderne Computergraphik macht auch eine unterschiedliche Einfärbung der Flächen möglich.
- Polygonzüge sollten nur bei Histogrammen Verwendung finden. Sie können sogar das Histogramm ersetzten.
- Wählt man eine dreidimensionale Darstellung (Tortendiagramme, Quaderdiagramme), so ist zu beachten, daß die dritte Dimension (die "Tiefe") in der Re-

gel keine Bedeutung für die Darstellung der Häufigkeit hat. Maßgebend sind nur die Höhen bzw. die vorderseitigen Flächen.

- In Schulbüchern werden die verschiedenen graphischen Darstellungsmöglichkeiten oft komprimiert auf knappem Raum beispielgebunden behandelt. Das täuscht über den tatsächlich benötigten Zeitaufwand hinweg, denn die Erarbeitung im Unterricht kann nur behutsam und schrittweise erfolgen. Schüler müssen lernen, sorgfältig die Schaubilder zu zeichnen, und sie müssen lernen, vorgelegte Schaubilder auf Korrektheit zu überprüfen. Zu einigen Graphiken im Abschnitt 2.9 dieses Kapitels haben wir schon kritische Anmerkungen bezüglich Korrektheit und Anschaulichkeit gemacht. Eine ausführliche Behandlung der Manipulationsmöglichkeiten und Fehler erfolgt im Kapitel VII.

V. Statistische Maßzahlen

1. Einführung

Statistische Maßzahlen sind Kennzahlen (Parameter), die spezifische Eigenschaften einer Verteilung kennzeichnen und somit auch zum Vergleich verschiedener Verteilungen (aus verschiedenen Erhebungen) geeignet sind. Man unterscheidet zwischen Lageparametern und Streuungsparametern. Die Lageparameter wie z.B. arithmetisches Mittel, Median usw. geben Aufschluß über das "Zentrum" einer Verteilung. Die Streuungsparameter wie z.B. mittlere absolute Abweichung, Spannweite, empirische Standardabweichung geben Aufschluß über die Streuung der Werte einer Verteilung. Lageparameter und Streuungsparameter ergänzen also einander in wesentlichen Punkten und gehören zur genaueren Beschreibung einer Verteilung zusammen. Wir besprechen zunächst in Abschnitt 2 die Lageparameter (Mittelwerte) und dann in Abschnitt 3 die Streuungsparameter.

2. Lageparameter

Zur Beschreibung der Daten, insbesondere wenn die Daten sehr umfangreich sind, gibt man geeignet gewählte Kennziffern (Parameter) an. Sie sollen die Daten gut repräsentieren, überschaubar und mit Daten aus ähnlichen Erhebungen vergleichbar machen. Solche Kennziffern sind z.B. die Mittelwerte. Wir werden als Mittelwerte das arithmetische Mittel, das geometrische Mittel, das harmonische Mittel, den Median (allgemeiner: Quantile) und den Modalwert besprechen.

Dabei kommt es uns nicht nur darauf an, die Begriffe einzuführen, sondern auch darum, Einsichten darüber zu gewinnen, für welche Art von Daten und für welche Fragestellungen welcher Mittelwert die geeignete Kennziffer ist. Es geht also um die Wahl des für das betreffende Sachgebiet "richtigen" Mittelwertes. Zunächst ist die Wahl unter Berücksichtigung der vorliegenden Merkmalsart zu treffen (qualitatives Merkmal: Modalwert; ordinales Merkmal: Median, Quantile; quantitatives Merkmal: arithmetisches-, geometrisches-, harmonisches Mittel, Modalwert, Median, Quantile). Hat man bei einer Merkmalsart mehrere Wahlmöglichkeiten, so ist die richtige Entscheidung durch den konkreten Sachzusammenhang bestimmt. Wir werden dieses jeweils an Beispielen erläutern.

Daß eine Beschäftigung mit Mittelwerten in der Schule dringend geboten erscheint, ergibt sich aus Erfahrungsberichten :
- 1975 fand der National Assessment of Educational Progress, daß nur 69% der Erwachsenen richtig einen einfachen Mittelwert berechnen konnten, und daß 45% der Erwachsenen Schwierigkeiten hatten, eine Steuertabelle zu gebrauchen. (Vgl. Goodmann, T.A., 1981).

74 V. STATISTISCHE MASSZAHLEN

- Untersuchungen von G.V. Barr (1980) zeigten, daß Studenten (69% studierten Ingenieurwissenschaften, 31% Naturwissenschaften) nur oberflächliche Vorstellungen von Median und Modalwert hatten. Aufgrund einer Analyse der verwirrten Ansichten kann man annehmen, daß die Studenten zum Teil nicht wußten, wie eine Häufigkeitstabelle konstruiert ist.
- A.K Shahani (1982) zeigt an einigen eindrucksvollen Beispielen, wie die falsche Verwendung von Mittelwerten in bestimmten Sachzusammenhängen überraschend falsche Aussagen liefern kann.
- J.Schmitt (1981) berichtet über einen Test, bei dem Schüler aufgrund von 4 Versuchen die Formel für Quecksilberoxid herleiten sollten. 57,7% der Schüler benutzten bei der Lösung lediglich Einzelwerte, sie tun so, als ob nur 1 Versuch vorliegt. Wird eine Mittelwertbildung aus den 4 Versuchen vorgenommen, so ist sie in 16,3% prinzipiell falsch.

2.1 ARITHMETISCHES MITTEL

Das arithmetische Mittel ist der wohl bekannteste und am häufigsten gebrauchte Mittelwert. Er ist auch schon Grundschülern bekannt: Berechnung von Durchschnittszensuren (vgl. hierzu aber unsere Ausführungen auf S. 29), Berechnung des Mittelwertes der monatlichen Taschengelder von Schülern, Berechnung des Durchschnittspreises der Fahrräder der Schüler, Angaben von Durchschnittsgeschwindigkeiten. Das Sachrechnen bietet vielfältige Möglichkeiten, den Mittelwert wirklichkeitsbezogen einzuführen.

Einige der im Kapitel IV wiedergegebenen Graphiken sprechen ebenfalls schon das arithmetische Mittel an:
- In der Graphik "Verdienen in Deutschland" (S. 45) werden durchschnittliche Monatsverdienste von Arbeitern und Angestellten angegeben.
- Die Graphik "Eigenheim" (S. 61) stellt den Durchschnittspreis für ein freistehendes Eigenheim dar.
- Im Begleittext zur Graphik "Europas Stahlmisere (S. 62) wird vom Durchschnitt der Auslastung der Anlagen gesprochen.
- Die Graphik "Der private Energieverbrauch" (S. 65) stellt Durchschnittswerte dar. Das wird im Begleittext auch deutlich angesprochen. Es heißt dort, daß im Haushalt für die Heizung durchschnittlich 56% des gesamten privaten Energieverbrauchs aufgewendet werden.
- Im Text zur Graphik "Arbeitszeit und Urlaubstage" (S. 70) heißt es: "Ausschlaggebend hierfür ist die in Deutschland konkurrenzlos großzügige Urlaubsregelung von im Durchschnitt 29,4 Arbeitstagen."

2.1 ARITHMETISCHES MITTEL 75

Auch die folgenden vier Beispiele zeigen, daß der Mittelwert aus unserem Leben nicht wegzudenken ist.

> **ZAHL DES TAGES**
>
> Deutschlands Campingplätze sind im europäischen Vergleich die günstigsten: Ein Tag kostet durchschnittlich 30,23 Mark. Danach folgen die Niederlande mit 30,46 Mark und Griechenland mit 32,66 Mark.

(Entnommen: Die Welt, 4.August 1993)

- In einer Tageszeitung (Westfälische Nachrichten, Nr.221, 11./12. September 1993) wird in einem Artikel die Temperaturverlaufskurve Sommer 1993 (1.Juni - 31. August) des Wetteramtes Essen wiedergegeben. Die "Mitteltemperatur" betrug 16,5°C. Im Text unter der Graphik steht:

Die Graphik beweist es: Der Mittelwert des Klimas wird fast nie getroffen.

Hier wird die Tatsache angesprochen, daß der Mittelwert als errechneter Wert mit keinem Wert der Datenmenge übereinzustimmen braucht. Der "Beweis der Graphik" ist natürlich nur ein "Hinweis" auf die in der Graphik angegebene konkrete Temperaturverlaufskurve.

76 V. STATISTISCHE MASSZAHLEN

* Im Spiegel-Bericht "Maastricht der Maße - Ein deutscher Anthropologe soll ausrechnen, wie der genormte Euro-Mensch aussieht" (In: Der Spiegel, Nr.1, 4. Januar 1993, S.53f) findet sich die folgende Abbildung:

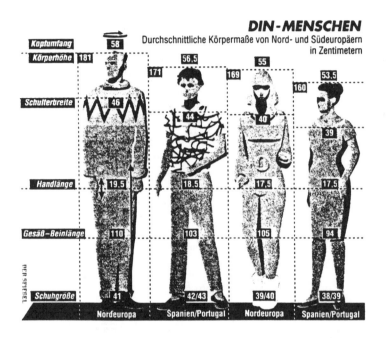

(Entnommen: Der Spiegel, Nr.1, 4.Januar 1993, S.53)

Der "DIN-Mensch" ist durch durchschnittliche Körpermaße bestimmt.

2.1 ARITHMETISCHES MITTEL 77

• Auch das folgende Blockdiagramm zum "Verpackungsmüll" stellt den "Durchschnitt" dar, ohne daß es explizit im Text ausgesagt wird.

(Entnommen: Westfälische Nachrichten, Nr.205, 4.September 1993)

In den angeführten Beispielen geht es offensichtlich stets um das arithmetische Mittel, auch wenn vom Durchschnitt oder Mittelwert gesprochen wird. Da das Wort Durchschnitt in der Mathematik mit einem anderen Sinninhalt belegt ist (Durchschnitt von Mengen), spricht man in der Mathematik allgemein von Mittelwerten, die dann noch weiter spezifiziert werden: arithmetisches Mittel, geometrisches Mittel usw.

Das **arithmetische Mittel** kann nur bei quantitativen Merkmalen benutzt werden, denn nur diese Merkmale gestatten die Durchführung der zur Berechnung des arithmetischen Mittels notwendigen Operationen. Das wird leider nicht immer beachtet (vgl. Notendurchschnitt S.29). Die den Schülern aus vielen Anwendungen bekannte Rechenvorschrift für das arithmetische Mittel ist zugleich die **Definition:**
Es seien $x_1, x_2, ..., x_n$ Daten eines quantitativen Merkmals. Dann heißt

(1) $$\bar{x} = \frac{x_1 + x_2 + x_3 + ... + x_n}{n} = \frac{1}{n} \sum_{i=1}^{n} x_i$$

arithmetisches Mittel dieser Daten.

V. STATISTISCHE MASSZAHLEN

Man bildet also die Summe aller Daten und dividiert die Summe durch die Anzahl der Daten.
Nach dieser Vorschrift (1) ist es für Schüler leicht, das arithmetische Mittel zu berechnen.

Beispiel 1:
Für Beispiel 16 aus Kapitel IV, S. 53 (Körpergewicht von Kindern) erhält man das arithmetische Mittel $\bar{x} = 38{,}93$ kg.

Zum Verständnis des arithmetischen Mittels sind die folgenden zwei Überlegungen hilfreich.

1. Aus der obigen Definitionsgleichung (1) für das arithmetische Mittel folgt durch eine elementare Umformung

$$n \cdot \bar{x} = (x_1 + x_2 + x_3 + \ldots + x_n) = \sum_{i=1}^{n} x_i ,$$

d.h. die Summe aller n Einzelwerte kann man sich ersetzt denken durch das Produkt $n \cdot \bar{x}$, also durch die Summe von n gleich großen (errechneten) Werten $\bar{x}$. Das arithmetische Mittel $\bar{x}$ nimmt also eine Ersatzfunktion wahr.

2. Wenn man die Summe von n realen Daten unterschiedlicher Größe gemäß Punkt 1 durch die Summe von n gleich großen Daten der Größe $\bar{x}$ ersetzen kann, also

$$x_1 + x_2 + \ldots + x_n = \underbrace{\bar{x} + \bar{x} + \ldots + \bar{x}}_{\text{n Summanden}} ,$$

so ergibt sich daraus durch einfache Rechnung und geschicktes Zusammenfassen

$$(x_1 - \bar{x}) + (x_2 - \bar{x}) + \ldots + (x_n - \bar{x}) = 0$$

$$\sum_{i=1}^{n}(x_i - \bar{x}) = 0 .$$

Das bedeutet: **Die algebraische Summe der Abweichungen** (nach oben und nach unten) **aller Daten x_i** (i=1,2,3,...,n) **von ihrem arithmetischen Mittel $\bar{x}$ ist Null**.
Diese Eigenschaft 2 des arithmetischen Mittels können Schüler auch aus Eigenschaft 1 direkt als Vermutung äußern. Zum Beweis formt man dann $\sum_{i=1}^{n}(x_i - \bar{x})$ um und zeigt, daß die Summe gleich Null ist:

2.1 ARITHMETISCHES MITTEL

$$\sum_{i=1}^{n}(x_i - \bar{x}) = (x_1 - \bar{x}) + (x_2 - \bar{x}) + \ldots + (x_n - \bar{x})$$

$$= \sum_{i=1}^{n} x_i - n\bar{x} = n\bar{x} - n\bar{x}$$

$$= 0.$$

Diese beiden Eigenschaften des arithmetischen Mittels sprechen intuitive Vorstellungen, die man mit dem arithmetischen Mittel verbindet, an. Sie sollten im Unterricht behandelt werden. Durch handelndes Tun und Graphiken lassen sich die Eigenschaften einsichtig machen. Dazu betrachten wir

Beispiel 2:
Fünf Schüler wollen des restliche Geld von einer Fahrt, das jeder noch hat, unter sich aufteilen, so daß jeder gleichviel hat. A besitzt 3 DM, B 2 DM, C noch 5 DM, D 1 DM, E noch 4 DM.
Wir skizzieren zur Lösung zwei Vorgehensweisen:
a) Das Problem kann gelöst werden, indem man versucht, die Unterschiede schrittweise auszugleichen. Von den größeren Beträgen wird schrittweise etwas weggenommen und den kleineren Beträgen zugefügt. Das kann handelnd geschehen. Repräsentiert man 1 DM durch einen Einheitswürfel, so können die realen Geldbeträge der Schüler durch Säulen der Höhe 3, 2, 5, 1 und 4 dargestellt werden. Abtragen der großen Säulen und Aufbauen der kleinen Säulen mit den abgetragenen Würfeln schafft den Ausgleich (siehe Abbildung).

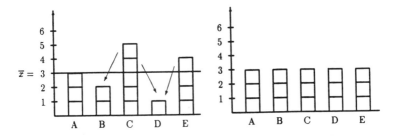

b) Man kann auch anders vorgehen: Man legt zunächst alle Würfel, die die Geldbeträge der fünf Schüler repräsentieren, zusammen und baut schrittweise 5 gleich hohe Säulen. Zunächst bekommt jeder einen Würfel, dann jeder einen weiteren usw.

V. STATISTISCHE MASSZAHLEN

Nicht in jeder Aufgabe verlaufen die beiden Lösungswege so glatt wie in dem von uns gewählten Beispiel. Durch ein solches Vorgehen lassen sich die Eigenschaften 1 und 2 des arithmetischen Mittels aber einprägsam vermitteln.

Eigenschaft 2 könnte man auch als definierende Eigenschaft für die Definition des arithmetischen Mittels wählen. Das hat aber den Nachteil, daß dann die Definition nicht unmittelbar eine Berechnungsvorschrift für das arithmetische Mittel liefert. Wir bevorzugen den von uns eingeschlagenen Weg.

In unserem Aufbau kann die Eigenschaft 2 aber eine Idee für eine Berechnung des arithmetischen Mittels liefern. Man geht von einem angenommenen Wert als arithmetisches Mittel aus und versucht durch Ausnutzen der Eigenschaft 2 das exakte arithmetische Mittel zu bestimmen. Wir erläutern das "**Verfahren zur Bestimmung des arithmetischen Mittels durch Korrektur eines geschätzten arithmetischen Mittels**" zunächst am Beispiel 2 (Geldbeträge von 5 Schülern). Wir gehen aus von einem beliebigen Wert als Schätzwert für $\bar{x}$. Für das konkrete Beispiel wählen wir die Zahl 2,3. Jetzt bestimmen wir alle Abweichungen der realen Daten von 2,3: 3 - 2,3 = 0,7; 2 - 2,3 = -0,3; 5 - 2,3 = 2,7; 1 - 2,3 = -1,3; 4 - 2,3 = 1,7. Die Summe der Abweichungen beträgt : 0,7 - 0,3 + 2,7 - 1,3 + 1,7 = 3,5. Jeder der fünf realen Werte weicht also im Mittel um 3,5 : 5 = 0,7 vom geschätzten arithmetischen Mittel 2,3 ab. Deshalb addieren wir 0,7 zu 2,3. Wir erhalten 3, diese Zahl ist das arithmetische Mittel im Beispiel 2.

Daß sich nach diesem Verfahren tatsächlich das arithmetische Mittel bestimmen läßt, folgt sofort aus dem nachfolgenden leichten Beweis:
Seien x_1, x_2, x_3, ...,x_n die n Daten eines quantitativen Merkmals und sei $\bar{x}$ das arithmetische Mittel der Daten. Ferner sei g das geschätzte arithmetische Mittel der Daten. Dann gilt:

$$\frac{(x_1 - g) + (x_2 - g) + (x_3 - g) + ... + (x_n - g)}{n} + g$$

$$= \frac{x_1 + x_2 + x_3 + ... + x_n}{n} - \frac{ng}{n} + g$$

$= \bar{x}$. Damit ist der Beweis schon erbracht.

Man addiert also das arithmetische Mittel der Abweichungen der Daten vom geschätzten arithmetischen Mittel zum geschätzten arithmetischen Mittel und erhält das arithmetische Mittel der Daten.
Das arithmetische Mittel besitzt noch eine dritte Eigenschaft, die **Minimumseigenschaft des arithmetischen Mittels**. Diese Eigenschaft ist nicht anschaulich zu

2.1 ARITHMETISCHES MITTEL 81

vermitteln. Wird aber die Beweisstruktur zunächst an Beispielen herausgearbeitet, kann der allgemeine Beweis durchaus in der Sekundarstufe I/Gymnasium geführt werden.

Minimumseigenschaft des arithmetischen Mittels:

Die Summe der Quadrate der Abweichungen aller Daten von ihrem arithmetischen Mittel $\bar{x}$ ist kleiner als die Summe der Quadrate der Abweichungen aller Meßwerte von einem beliebigen anderen Wert c, d.h. die Summe der Quadrate der Abweichungen aller Daten von ihrem arithmetischen Mittel $\bar{x}$ ist ein Minimum:

$$\sum_{i=1}^{n} (x_i - \bar{x})^2 < \sum_{i=1}^{n} (x_i - c)^2, \quad c \in \mathbb{R}, c \neq \bar{x}.$$

Der **Beweis** ist von einfacher Struktur:

$$\sum_{i=1}^{n} (x_i - c)^2 = \sum_{i=1}^{n} (x_i - \bar{x} + \bar{x} - c)^2 = \sum_{i=1}^{n} (x_i - \bar{x})^2 + 2 \sum_{i=1}^{n} (x_i - \bar{x})(\bar{x} - c) + n(\bar{x} - c)^2.$$

Da im zweiten Summanden auf der rechten Seite der Faktor $\sum_{i=1}^{n} (x_i - \bar{x})$ gleich Null 0 ist (siehe Eigenschaft 2), ist der ganze zweite Summand gleich Null. Also folgt

$$\sum_{i=1}^{n} (x_i - c)^2 = \sum_{i=1}^{n} (x_i - \bar{x})^2 + n(\bar{x} - c)^2.$$

Für $\bar{x} \neq c$ ist der Ausdruck $n \cdot (\bar{x} - c)^2$ bei $n \neq 0$ stets größer als Null. Also folgt:

$$\sum_{i=1}^{n} (x_i - c)^2 > \sum_{i=1}^{n} (x_i - \bar{x})^2, \quad \text{q.e.d.}$$

Hinweis:
Das arithmetische Mittel wird von einzelnen Daten, die extrem von den anderen Daten abweichen, stark beeinflußt. Hat im Beispiel 2 der Schüler E statt 4 DM noch 15 DM, so beträgt der Mittelwert $\bar{x}$ der neuen Daten: $\bar{x}$ = 26 : 5 = 5,2 [DM].

Bei der Berechnung des arithmetischen Mittels im Beispiel 16 aus Kapitel IV., S.53, oder bei ähnlichen Beispielen merken die Schüler schnell, daß man einfacher rechnen kann. Da einige Daten mehrfach auftreten, kann man sie als Summe gleicher Summanden zu einem Produkt zusammenfassen.

Beispiel 3 :

Für das Beispiel 16, S.53, (Körpergewichte von Schulkindern) ergibt sich der Mittelwert $\bar{x}$

$$\bar{x} = \frac{1 \cdot 27 + 1 \cdot 29 + 1 \cdot 30 + 1 \cdot 31 + 1 \cdot 32 + 2 \cdot 34 + 3 \cdot 35 + 2 \cdot 36 + 1 \cdot 37 + 3 \cdot 38}{30}$$

$$+ \frac{2 \cdot 40 + 3 \cdot 42 + 1 \cdot 43 + 1 \cdot 44 + 3 \cdot 45 + 1 \cdot 46 + 1 \cdot 48 + 1 \cdot 50 + 1 \cdot 51}{30}$$

$$= \frac{1168}{30} = 38{,}93 [\text{kg}].$$

Wir formulieren den Sachverhalt allgemein:
Sind $x_1, x_2, x_3, \ldots, x_n$ Daten eines quantitativen Merkmals und kommt x_i insgesamt g_i mal vor, so gilt für das arithmetische Mittel

$$(2) \quad \bar{x} = \frac{g_1 x_1 + g_2 x_2 + \ldots + g_n x_n}{g_1 + g_2 + \ldots + g_n} = \frac{\sum\limits_{i=1}^{n} g_i x_i}{\sum\limits_{i=1}^{n} g_i}.$$

Die Faktoren g_i in Gleichung (2) drücken also aus, wie oft die Daten x_i jeweils in der Liste vorkommen.

Gleichung (2) kann aber auch so gedeutet werden, daß einige Daten ein anderes (vielleicht ein höheres) "Gewicht" haben als andere. In Verallgemeinerung führt das zu folgender **Definition**:
Sind $x_1, x_2, x_3, \ldots, x_n$ Daten eines quantitativen Merkmals, so heißt

$$\bar{x} = \frac{g_1 x_1 + g_2 x_2 + \ldots + g_n x_n}{g_1 + g_2 + \ldots + g_n} = \frac{\sum\limits_{i=1}^{n} g_i x_i}{\sum\limits_{i=1}^{n} g_i}$$

2.1 ARITHMETISCHES MITTEL

mit $g_i \geq 0$ für $i = 1,2,3,...,n$ und $\sum_{i=1}^{n} g_i > 0$ **gewogenes arithmetisches Mittel der Daten.** Die nichtnegativen Zahlen g_i heißen **Gewichtungsfaktoren** oder kurz **Gewichtsfaktoren.**

Das gewogene arithmetische Mittel kommt in der Praxis häufig vor. Wir geben zwei Bereiche an.

1. Zur Berechnung der Tagesdurchschnittstemperatur benutzt man vier Meßwerte. Sie werden in 2 m Höhe über dem Erdboden gemessen, und zwar um 7 Uhr, 14 Uhr und 21 Uhr. Die Temperatur um 21 Uhr geht mit dem Gewichtsfaktor 2 ein. Die Tagesmittel werden also berechnet nach der Formel

$$\frac{7h + 14h + 2 \cdot 21h}{4} \quad 1)$$

2. In der Lehramtsprüfungsordnung (LPO) in der Fassung vom 20.12.1990 (geändert durch Verordnung vom 2.12.1991) des Landes Nordrhein-Westfalen heißt es in § 26(1) zur Ermittlung der Note und Feststellung des Ergebnisses der Ersten Staatsprüfung:

"(1) Das Prüfungsamt ermittelt aus der Note der schriftlichen Hausarbeit und den Noten für die schriftlichen und mündlichen Prüfungsleistungen sowie gegebenenfalls aus der Note der fachpraktischen Prüfung die Note der Ersten Staatsprüfung, indem die Summe der gewichteten Noten durch die Summe der Gewichtsfaktoren geteilt wird."[2]

Die Gewichtung ist dann stufenbezogen geregelt. Für das Lehramt für die Sekundarstufe I heißt es z.B. in der LPO in §39:

" (1) Bei der Ermittlung der Note der Ersten Staatsprüfung sind die Note der Hausarbeit und die Noten für die mündlichen Prüfungen jeweils vierfach, die Noten für die Arbeiten unter Aufsicht jeweils zweifach zu gewichten."[3]

Auch die Noten in den Fächern und Erziehungswissenschaften sind durch Gewichtungen aus den Noten für die mündliche Prüfung und den Noten für die Arbeiten unter Aufsicht zu berechnen.

Anmerkung:
Dieses offizielle Verfahren behandelt Noten wie quantitative Merkmale, obwohl sie nur Rangmerkmale sind. Dieses Vorgehen ist aus mathematischer Sicht nicht unproblematisch (vgl. auch Seite 29).

---

1) Vgl. Statistisches Jahrbuch 1992 für die Bundesrepublik Deutschland. Wiesbaden 1992, S. 19.
2) Lehrerausbildung in Nordrhein-Westfalen. Düsseldorf 1992, S.60.
3) a.a.O., S.67.

V. STATISTISCHE MASSZAHLEN

Hat man *Daten in gruppierter Form* vorliegen (klassierte Daten), so ist das arithmetische Mittel aller Beobachtungswerte leicht zu berechnen, wenn die arithmetischen Mittel in jeder Klasse bekannt sind oder berechnet werden können. Sind n Beobachtungswerte $x_1, x_2, \ldots x_n$ gegeben und liegen s Klassen $k_1, k_2, \ldots, k_s$ vor, und bezeichnet $H_n(i)$ die Anzahl der Merkmale in der i-ten Klasse, so ist:

$$\bar{x} = \frac{1}{n} \sum_{i=1}^{s} \bar{x}_i \cdot H_n(i) \quad \text{mit } \bar{x}_i = \frac{1}{H_n(i)} \cdot \sum_{x_i \in k_i} x_i \quad \text{,falls } H_n(i) \neq 0,$$

$$\text{sonst } \bar{x}_i = 0.$$

$\bar{x}_i$ ist also das arithmetische Mittel der i-ten Klasse. Dieses ist aber häufig nicht bekannt. Als Näherung für das arithmetische Mittel kann dann der Wert

$$\bar{x} = \frac{1}{n} \sum_{i=1}^{s} x_i^* \cdot H_n(i)$$

genommen werden. Hierbei sind x_i^* die Klassenmitte und $H_n(i)$ die Klassenhäufigkeit der i-ten Klasse.

Anmerkung:

Das arithmetische Mittel der Gesamtheit $\bar{x}$ ist also der gewichtete Durchschnitt der Mittelwerte $\bar{x}_i$ bzw. x_i^* mit den Klassenhäufigkeiten $H_n(i)$ als Gewichtsfaktoren.

Die Wahl der Klassen kann die Größe des arithmetischen Mittels ganz entscheidend beeinflussen wie das folgende Beispiel zeigt.

Beispiel 4: Gehaltsstatistik eines Betriebes (Monatlicher Bruttolohn)

Gehaltsklassen (in DM)	Anzahl der Mitarbeiter $H_n(i)$
von 1000 bis unter 1400	8
von 1400 bis unter 1600	10
von 1600 bis unter 1800	10
von 1800 bis unter 2000	10
von 2000 bis unter 3000	2

$\bar{x} = 1200 \cdot \frac{8}{40} + 1500 \cdot \frac{10}{40} + 1700 \cdot \frac{10}{40} + 1900 \cdot \frac{10}{40} + 2500 \cdot \frac{2}{40} = 1640$ [DM].

Faßt man die letzten zwei Klassen zusammen, so erhält man unter Beibehaltung der anderen Klassen für dieselbe Gehaltsstatistik die folgende Tabelle:

2.2 GEOMETRISCHES MITTEL

Gehaltsklassen (in DM)	Anzahl der Mitarbeiter $H_n(i)$
von 1000 bis unter 1400	8
von 1400 bis unter 1600	10
von 1600 bis unter 1800	10
von 1800 bis unter 3000	12

Bei dieser Klasseneinteilung beträgt das arithmetische Mittel $\bar{x} = 1760$ [DM].

Man erkennt, daß man durch "geschickte" Wahl der Klassen günstigere Ergebnisse erzielen kann. Das ist eine häufig genutzte Manipulationsmöglichkeit, die Schüler kennen sollten.

2.2 GEOMETRISCHES MITTEL

Wir zeigen zunächst, daß das arithmetische Mittel für den im folgenden Beispiel angesprochenen Sachzusammenhang kein angemessener Mittelwert zur Charakterisierung der Daten ist. Aufgrund dieser Erkenntnis stellt sich dann die Frage nach einem anderen Mittelwert als Kennzahl, der die Situation besser beschreibt. Diese Überlegungen führen zum geometrischen Mittel.

Beispiel 5: Bevölkerungsentwicklung
Die folgende Tabelle gibt einen fiktiv angenommenen Wachstumsprozeß der Bevölkerung einer Stadt in vier aufeinanderfolgenden Jahren wieder.

Jahr	Anzahl der Bewohner	Zuwachsrate in %
1988	100 000	-
1989	150 000	50
1990	195 000	30
1991	214 000	10
1992	257 000	20

Wie die Tabelle erkennen läßt, beziehen sich die angegebenen prozentualen Zuwachsraten stets auf das vorangegangene Jahr als Basisjahr. Wir fragen, um wieviel % die Bevölkerung im "Durchschnitt" in jedem der vier Jahre zugenommen hat. Zur "Lösung" bilden wir das arithmetische Mittel der Raten und erhalten $(50+30+10+20) : 4 = 27,5$ [%]. Das Ergebnis klingt zunächst plausibel, es ist kleiner als der größte Zuwachs (50%) und größer als der kleinste (10%) und liegt etwas näher zu 50 % als zu 10 %. Die Verteilung könnte durch das arithmetische Mittel angemessen beschrieben sein. Wenn wir jedoch bei Zugrundelegung eines jährlichen Zuwachses von 27,5% die Anzahl der Bewohner für das Jahr 1992 bestimmen, erhalten wir (ausgehend von 100 000) sukzessive für die Anzahl der Bewohner 1989: 127 000,1990: 162 562, 1991: 207 266, 1992: 264 264. Durch diese

V. STATISTISCHE MASSZAHLEN

Berechnung erhalten wir für das Jahr 1992 also 6864 Bewohner mehr als tatsächlich gezählt wurden. Das arithmetische Mittel 27,5% ist zu groß. Ergebnis: Das arithmetische Mittel ist in diesem Sachzusammenhang (Wachstumsraten) offenbar nicht der angemessene Mittelwert. Denn man möchte ja bei Anwendung des *Mittelwertes*, also bei Anwendung ein und derselben Zahl, auf *alle* Bezugseinheiten dasselbe Gesamtergebnis erhalten (im Beispiel 257 400) wie bei der Anwendung der jeweils konkreten Zuwachsraten auf die einzelnen Einheiten.

Wir wenden uns jetzt der zentralen Frage zu und suchen einen Mittelwert, der das Sachproblem im Beispiel 5 besser löst. Im obigen Lösungsweg haben wir nicht beachtet, daß die angegebenen Wachstumsraten verschiedene Bezugspunkte haben: 50% Zuwachs bezieht sich auf den Ausgangswert 100 000, 30% Zuwachs auf den Ausgangswert 150 000, 10 % Zuwachs auf den Wert 195 000 und 20 % Zuwachs auf den Wert 214 000. Diese Einsicht führt zu einem neuen Lösungsweg. Wenn 1988 die Anzahl der Bewohner 100 000 betrug, so betrug 1989 die Anzahl der Bewohner 1,5 · 100 000= 150 000. Wenn 1989 die Bewohneranzahl 150 000 betrug, so war 1990 die Anzahl der Bewohner auf 1,3 · 150 000 = 1,3 · 1,5 · 100 000 = 195 000 angestiegen. Wenn 1990 die Bewohneranzahl 195 000 betrug, so beträgt sie 1991 das 1,1-fache, also 1,1 · 195 000 = 1,1 · 1,3 · 1,5 · 100 000. Analog erhält man dann für das Jahr 1992 für die Anzahl der Bewohner

$$1{,}2 \cdot 1{,}1 \cdot 1{,}3 \cdot 1{,}5 \cdot 100\,000 = 257\,400.$$

Der gesamte Wachstumsprozeß wird also durch das Produkt der 4 Zahlen

$$1{,}2 \cdot 1{,}1 \cdot 1{,}3 \cdot 1{,}5 = 2{,}574$$

adäquat beschreiben. Wir suchen jetzt eine mit Hilfe der Zahlen 1,2; 1,1;1,3 und 1,5 gebildete Zahl, die als Ersatz für die vier verschiedenen Zahlen dasselbe Ergebnis 2,574 liefert. Das führt zum Ansatz

$$g \cdot g \cdot g \cdot g = 1{,}2 \cdot 1{,}1 \cdot 1{,}3 \cdot 1{,}5$$
$$g^4 = 2{,}574$$

$$g = \sqrt[4]{2{,}574} = 1{,}26664.$$

Aus den vier gegebenen *Wachstumsfaktoren* 1,5;1,3;1,1 und 1,2 haben wir einen neuen Wachstumsfaktor 1,26664 für *alle* 4 Jahre gefunden.
Aus den *Wachstumsfaktoren* x_i lassen sich natürlich sofort auch die *Wachstumsraten* r_i berechnen:

$$r_i = x_i - 1.$$

Konkret für das Beispiel erhalten wir: 1,5 - 1=0,5=50%; 1,3-1=0,3=30% usw. Der in obiger Rechnung als Ersatz gefundene Wachstumsfaktor g = 1,26664 bedeutet also eine durchschnittliche Wachstumsrate (einen durchschnittlichen Zuwachs) von 0,26664 bzw. 26,664%.

Für Schüler besitzt eine anschließende Probe eine große Überzeugungskraft:
(((100 000 · 1,26664) · 1,26664) · 1,26664) · 1,26664 = 257 402,5.

2.2 GEOMETRISCHES MITTEL

Der mit Hilfe der mittleren Zuwachsrate 0,26664 errechnete Endzustand der Anzahl der Bewohner im Jahr 1992 stimmt also mit der in der Tabelle angegebenen Anzahl fast überein (Abweichung: 3 Personen). Die Zahl 26,664% als jährliche mittlere prozentuale Zuwachsrate beschreibt also den Sachzusammenhang wesentlich besser als das arithmetische Mittel 27,5%.

Die Zahl $g = \sqrt[4]{1,5 \cdot 1,3 \cdot 1,1 \cdot 1,2}$ heißt *das geometrische Mittel* der Zahlen 1,5; 1,3; 1,1; 1,2.

Ehe wir uns einer allgemeinen Darstellung und der Definition des geometrischen Mittels zuwenden, wollen wir noch ein zweites Beispiel betrachten.

Beispiel 6: Wachstum des Bruttosozialproduktes

Der Anstieg des realen Bruttosozialproduktes betrug (die Prozentzahlen beziehen sich stets auf das zurückliegende Jahr als Grundwert):

1973 : +4,4%
1974 : +0,4%
1975 : −2,0%
1976 : +5,7%
1977 : +2,6%
1978 : +3,4%

Wir wollen eine durchschnittliche Wachstumsrate für diese Zeitreihe bestimmen. Auch hier ist wie im Beispiel 5 der sog. »Zinseszinseffekt« zu berücksichtigen. Hat das Bruttosozialprodukt einen Anfangswert A, so beträgt es gemäß den Angaben

am Ende des Jahres 1973: $A_1 = A + 0,044 A = A \cdot (1 + 0,044) = 1,044 A$,

am Ende des Jahres 1974: $A_2 = A_1 + 0,004 A_1 = A_1 \cdot (1 + 0,004) = 1,004 A_1$,

am Ende des Jahres 1975: $A_3 = A_2 - 0,02 A_2 = A_2 \cdot (1 - 0,02) = 0,98 A_2$,

am Ende des Jahres 1976: $A_4 = A_3 + 0,057 A_3 = A_3 \cdot (1 + 0,057) = 1,057 A_3$,

am Ende des Jahres 1977: $A_5 = A_4 + 0,026 A_4 = A_4 \cdot (1 + 0,026) = 1,026 A_4$,

am Ende des Jahres 1978: $A_6 = A_5 + 0,034 A_5 = A_5 \cdot (1 + 0,034) = 1,034 A_5$.

Durch Einsetzen der Werte erhält man für das Bruttosozialprodukt am Ende des Jahres 1978:

$A_6 = 1,044 \cdot 1,004 \cdot 0,98 \cdot 1,057 \cdot 1,026 \cdot 1,034\, A$,

$A_6 \approx 1,1519\, A$.

Für einen mittleren Wachstumsfaktor g, der für jedes Jahr der sechs Jahre anzusetzen wäre, sollte also gelten:

$g \cdot g \cdot g \cdot g \cdot g \cdot g = g^6 = 1{,}1519$,

$g = \sqrt[6]{1{,}1519} = 1{,}02385$.

Das entspricht einer mittleren Zuwachsrate von 2,385%.

Hinweise:

1. Hätte man auch in diesem Beispiel 6 das arithmetische Mittel der Zuwachsraten bestimmt, so hätte man mit 14,5: 6 ≈ 2,4167 wieder einen (wie im Beispiel 5) zu großen Mittelwert erhalten. Durch Wahl eines konkreten Anfangswertes A kann das durch Rechnung nachhaltig auch in absoluten Zahlen bestärkt werden.
2. Statt der Wachstumsraten r_i werden die aus ihnen gebildeten Wachstumsfaktoren $x_i = 1 + r_i$ zur Berechnung des geometrischen Mittels benutzt.

Wir fassen die den Beispielen inneliegende Struktur allgemein zusammen: Gegeben sind zeitliche Beobachtungswerte (Wachstumsraten): Gegeben ist eine Größe A, die in den Zeitpunkten $t_0, t_1, t_2, \ldots, t_n$ mit $t_0 < t_1 < t_2 < \ldots < t_n$ die Werte $A_0, A_1, A_2, \ldots, A_n$ annimmt. Ferner gilt $A_i = x_i \cdot A_{i-1}$ mit einem Wachstumsfaktor x_i für i = 1,2,..., n.
Für A_n erhält man dann:

$$A_n = (x_1 \cdot x_2 \cdot \ldots \cdot x_n) A_0.$$

Der Gesamtwachstumsfaktor für den letzten Wert A_n bezogen auf A_0 ist also $x_1 \cdot x_2 \cdot \ldots \cdot x_n$. Ein aus $x_1, x_2, \ldots, x_n$ gebildetes Mittel dient als Ersatz für die x_i. Man setzt:

$A_n = g^n \cdot A_0$ mit $g^n = x_1 \cdot x_2 \cdot \ldots \cdot x_n$.

Es folgt: $g = \sqrt[n]{x_1 \cdot x_2 \cdot \ldots \cdot x_n}$. Die Zahl g heißt das geometrische Mittel der Zahlen $x_1, x_2, \ldots, x_n$.

Definition:

Es seien $x_1, x_2, \ldots, x_n$ n Daten eines quantitativen Merkmals mit $x_i > 0$ für i=1,2, ...,n. Dann heißt die Zahl

$$\bar{x}_g := \sqrt[n]{x_1 \cdot x_2 \cdot \ldots \cdot x_n}$$

das **geometrische Mittel** dieser Daten.

Analog zum gewogenen arithmetischen Mittel läßt sich auch hier das **gewogene geometrische Mittel** definieren:

$$\bar{x}_g := \sqrt[G]{x_1^{g_1} \cdot x_2^{g_2} \cdot \ldots \cdot x_n^{g_n}} \quad \text{mit } G = \sum_{n=1}^{n} g_i \ .$$

2.3 HARMONISCHES MITTEL

Hinweise:
1. Das geometrische Mittel ist wie das arithmetische Mittels ein errechneter Mittelwert.
2. Das geometrische Mittel ist nur für quantitative Merkmale definiert.
3. Das geometrische Mittel findet bei Wachstumsprozessen Anwendung. Es dient zur Berechnung durchschnittlicher relativer Veränderungen.

2.3 HARMONISCHES MITTEL

Das harmonische Mittel ist ebenfalls ein *errechneter* Wert und für quantitative Merkmale definiert. Es ist ein selten gebrauchter Lageparameter und ergibt sich - wie wir in den folgenden zwei Beispielen zeigen - auch aus dem Lösungsweg zur Bestimmung eines angemessenen Mittelwerts bei bestimmten Sachproblemen, ohne daß Kenntnisse über das harmonische Mittel vorausgesetzt werden müssen. Das läßt sich bei Kenntnis der Definition auch erahnen.

Definition:
Sind n Daten $x_1, x_2, ..., x_n$ eines quantitativen Merkmals mit $x_i > 0$ für $i = 1, 2, ..., n$ gegeben, so heißt die Zahl

$$(*) \quad \bar{x}_h = \frac{1}{\frac{1}{n}(\frac{1}{x_1} + \frac{1}{x_2} + ... + \frac{1}{x_n})} = \frac{n}{\sum_{i=1}^{n} \frac{1}{x_i}}$$

das **harmonische Mittel** der Daten $x_1, x_2, ..., x_n$.
Hinweis: Wie beim arithmetischen und harmonischen Mittel läßt sich auch analog das gewogene harmonische Mittel definieren.

An der Definitionsgleichung (*) für $\bar{x}_h$ erkennt man, daß im Nenner das arithmetische Mittel der reziproken n Daten steht. Von diesem arithmetischen Mittel der reziproken Daten bildet man nochmals den Kehrwert. Oder anders formuliert: Die Berechnung des harmonischen Mittel erfolgt, indem man den Stichprobenumfang n durch die Summe aller Kehrwerte $\frac{1}{x_i}$ dividiert. Man kann also vermuten, daß man den Durchschnittswert der Daten eines konkreten Sachproblems, für das das harmonische Mittel ein adäquater Durchschnittswert ist, auch ohne Kenntnis der Definition bestimmen kann.

V. STATISTISCHE MASSZAHLEN

Beispiel 7: Durchschnittsgeschwindigkeit

Ein Zug fährt die ersten 100 km mit einer konstanten Geschwindigkeit von 70 km/h, die zweiten 100 km mit einer konstanten Geschwindigkeit von 110 km/h. Wie groß ist seine Durchschnittsgeschwindigkeit?
Zur *Lösung* berechnen wir zunächst die Gesamtfahrzeit des Zuges für 200 km. Die ersten 100 km legt der Zug in

$$\frac{100}{70}h = \frac{10}{7}h$$ zurück, die zweiten 100 km in $\frac{100}{110}h$. Die Gesamtfahrzeit beträgt also:

$$\frac{10}{7}h + \frac{10}{11}h = \frac{180}{77}h \approx 2{,}34h.$$ Für die gesuchte Durchschnittsgeschwindigkeit erhält man dann:

$$200 : \frac{180}{77} \text{ km/h} \approx 85{,}56 \text{km/h}.$$

Die Berechnung des harmonischen Mittels der Daten (der Teilstreckengeschwindigkeiten) gemäß der Definition läßt den Zusammenhang zu obigem Lösungsweg erkennen und liefert denselben Wert:

$$\bar{x}_h = \frac{2}{\frac{1}{70} + \frac{1}{110}} = \frac{2 \cdot 770}{18} \approx 85{,}56\,\text{km/h}\,.$$

Die alleinige Anwendung der Definition liefert aber kaum einen Beitrag zur Einsicht, daß der "richtige" Mittelwert für das Sachproblem bestimmt wurde.

Anmerkungen zu Beispiel 7:

● Das arithmetische Mittel der Daten

$$\frac{70\,\text{km/h} + 110\,\text{km/h}}{2} = 90\,\text{km/h}$$

ist kein geeigneter Durchschnittswert. Denn da der Zug nach obigen Überlegungen 2,34 Stunden Fahrzeit benötigt, würde er bei einer Durchschnittsgeschwindigkeit von 90 km/h eine Strecke von 210,6 km zurücklegen, also 10,6 km mehr als in der Aufgabe angegeben ist. Die Ursache hierfür ist, daß gemäß Aufgabenstellung für gleichlange Strecken unterschiedliche Zeiten benötigt werden.

Der Leser prüfe analog nach, daß auch das geometrische Mittel in diesem Fall kein angemessener Mittelwert ist.

● Eine andere Situation liegt bei folgender Aufgabenstellung vor: Ein Zug fährt eine Stunde mit konstanter Geschwindigkeit von 70 km/h und eine zweite Stunde mit

2.3 HARMONISCHES MITTEL 91

konstanter Geschwindigkeit von 110 km/h. Wie groß ist seine Durchschnittsgeschwindigkeit? Jetzt ist das arithmetische Mittel der angemessene Mittelwert:

$$\frac{70 + 110}{2} = 90 \, [\text{km/h}].$$

• Beispiel 7 spricht ein typisches Problem an, bei dem zur Lösung das harmonische Mittel der angemessene Lageparameter ist. Es handelt sich um eine Mittelung von Geschwindigkeiten auf *gleichlangen* Wegstrecken.

Ein weiteres typisches Problem für die Verwendung des harmonischen Mittels ist die Berechnung des Durchschnittspreises bei vorgegebenem *gleichen* Kapitalaufwand.

Beispiel 8: Durchschnittspreis
Jemand kauft zu drei verschiedenen Zeitpunkten jedesmal für 100 DM Heizöl. Die Preise je Liter Heizöl variieren und betrugen beim ersten Kauf 0,25 DM/l, beim zweiten Kauf 0,40 DM/l und beim dritten Einkauf 0,50 DM/l. Wieviel DM hat im Durchschnitt 1 Liter gekostet?
Eine ausführliche *Lösung* könnte so aussehen: Der Kunde hat insgesamt
$$400 \, l + 250 \, l + 200 \, l = 850 \, l$$
Öl bezogen und insgesamt 300 DM dafür bezahlt. Also kostete im Durchschnitt ein Liter Öl
$$300 : 850 \approx 0{,}35 \, [\text{DM}].$$
Die Berechnung des harmonischen Mittels liefert dasselbe Ergebnis:

$$\bar{x}_h = \frac{3}{\frac{1}{0{,}25} + \frac{1}{0{,}4} + \frac{1}{0{,}5}} = \frac{3}{8{,}5} \approx 0{,}35 \, [\text{DM}].$$

Anmerkung zu Beispiel 8:
Die Situation ist ähnlich wie in Beispiel 7. Es wird dreimal ein fester *gleichhoher Geldbetrag* für Heizöl ausgegeben.
Auch hier würde sich ein neuer Sachzusammenhang ergeben, falls jemand dreimal die *gleiche Menge* Heizöl zu unterschiedlichen Literpreisen einkauft. Der angemessene Mittelwert für den Preis je Liter wäre dann das arithmetische Mittel.

Damit sind zwei wichtige Problemstellungen genannt, für deren Lösungen das harmonische Mittel der angemessene Mittelwert ist:
Durchschnittsgeschwindigkeiten auf vorgegebenen gleichlangen Strecken, Durchschnittspreise bei vorgegebenem gleichen Kapitalaufwand.

Bedenkt man, daß es schwierig ist, eine *einsichtige* Begründung für die Anwendung des harmonischen Mittels auf Sachprobleme zu geben, und bedenkt man, daß es einsichtige elementare Lösungswege für die zwei oben genannten Problemfelder ohne Kenntnis des harmonischen Mittels gibt, so stellt sich die Frage, ob man das harmonische Mittel überhaupt explizit in der Sekundarstufe I einführen soll. Eine rein formale Anwendung der Definition des harmonischen Mittels dürfte Schülern kaum eine Einsicht in den Sachzusammenhang vermitteln.

2.4 VERGLEICH DIESER DREI MITTELWERTE

Zwischen arithmetischem-, geometrischem- und harmonischem Mittel besteht eine interessante Größenrelation. Es gilt:

Satz: Seien $x_1, x_2, ..., x_n$ metrische Daten mit $x_i > 0$ für alle $i = 1, 2, ..., n$, dann gilt stets

$$\overline{x}_h \leq \overline{x}_g \leq \overline{x}.$$

Das Gleichheitszeichen gilt nur dann, wenn $x_1 = x_2 = ... = x_n$ ist.

Der allgemeine Beweis für beliebiges n kann in der Sekundarstufe I nicht erbracht werden. Für die Sekundarstufe I sind aber Beweise für Teilaussagen des obigen Satzes interessant.

a) *Satz:* Seien a und b zwei quantitative Daten mit $a > 0$ und $b > 0$ und $a \neq b$. Dann gilt

$$\frac{2a \cdot b}{a+b} < \sqrt{a \cdot b} < \frac{a+b}{2},$$

d.h. das geometrische Mittel *zweier* positiver, ungleicher Zahlen ist kleiner als das arithmetische, aber größer als das harmonische Mittel dieser Zahlen.

Der *Beweis* kann auf geometrischem Wege geführt werden. Man benötigt die Satzgruppe des Pythagoras. In der folgenden Zeichnung wurde $a > b$ gewählt.

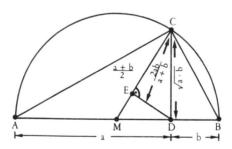

Im rechtwinkligen Dreieck ABC mit der Hypotenuse a+b gilt:

$\overline{MC} = \dfrac{a+b}{2}$ arithmetisches Mittel,

$\overline{CD} = \sqrt{a \cdot b}$ geometrisches Mittel,

2.4 VERGLEICH DER MITTELWERTE

$$\overline{CE} = \frac{2ab}{a+b} = \frac{2}{\frac{1}{a}+\frac{1}{b}} \quad \text{harmonisches Mittel.}$$

Aus der Zeichnung liest man die Ungleichungskette ab:

$$\frac{2a \cdot b}{a+b} < \sqrt{a \cdot b} < \frac{a+b}{2}.$$

b) *Satz:* Seien a,b quantitative Daten mit a > 0 und b > 0.
Dann gilt:

$$\frac{2ab}{a+b} \leq \sqrt{a \cdot b} \leq \frac{a+b}{2},$$

d.h. das arithmetische Mittel zweier positiver Zahlen ist stets größer oder gleich dem geometrischen Mittel dieser Zahlen, und dieses größer oder gleich dem harmonischen Mittel dieser Zahlen.

Der *Beweis* ist auf arithmetischem Wege leicht zu erbringen.
Aus $(a-b)^2 \geq 0$ folgt einerseits

$$a^2 - 2ab + b^2 \geq 0,$$
$$a^2 + 2ab + b^2 \geq 4ab,$$
$$(a+b)^2 \geq 4ab,$$

$$\frac{a+b}{2} \geq \sqrt{ab}.$$

Aus $(a-b)^2 \geq 0$ folgt andererseits auch

$$a^2 - 2ab + b^2 \geq 0,$$
$$a^2 + 2ab + b^2 \geq 4ab,$$

$$(a+b)^2 \geq \frac{4ab \cdot ab}{ab},$$

$$\sqrt{ab} \geq \frac{2ab}{a+b}.$$

Damit ist der Beweis erbracht.

Die folgenden zwei Mittelwerte könnte man im Vergleich zu dem arithmetischen, geometrischen und harmonischen Mittel, die wir als *errechnete Mittelwerte* bezeichneten, als *Mittelwerte der Lage* bezeichnen. Wir denken an den **Median** (allgemeiner an Quantile) und den **Modalwert**.

2.5 MEDIAN

Der **Median** (Zentralwert, englisch: median) ist dadurch bestimmt, daß er in der Mitte der Reihe einer der Größe nach geordneten Datenmenge liegt. Mindestens 50 % der Daten sind kleiner oder gleich und mindestens 50% der Daten sind größer oder gleich der Daten (50%-Punkt der Daten). Zur Bestimmung des Medians werden keine quantitativen Merkmale benötigt, es genügen Rangmerkmale. Es ist üblich, Daten $x_1, x_2, ..., x_n$, die der Größe nach geordnet sind, durch runde Klammern in den Indizes zu kennzeichnen. Das wird in der folgenden Definition benutzt.

Definition:

Seien $x_{(1)} \leq x_{(2)} \leq x_{(3)} \leq ... \leq x_{(n)}$ der Größe nach geordnete n Daten. Als **Median**, den man mit $x_{0,5}$ bezeichnet, wählt man

a) bei *Daten von Rangmerkmalen* die Zahl

$$x_{0,5} = \begin{cases} x_{(\frac{n+1}{2})} & \text{bei ungeradem n} \\ x_{(\frac{n}{2})} \text{ oder } x_{(\frac{n}{2}+1)} & \text{bei geradem n,} \end{cases}$$

b) bei *quantitativen nicht gruppierten Daten* die Zahl

$$x_{0,5} = \begin{cases} x_{(\frac{n+1}{2})} & \text{bei ungeradem n} \\ \frac{1}{2}(x_{(\frac{n}{2})} + x_{(\frac{n+1}{2})}) & \text{bei geradem n .} \end{cases}$$

Anmerkung zu a): Für eine gerade Anzahl n von Daten hat sich bei Rangmerkmalen keine einheitliche Festlegung des Medians durchgesetzt. Gelegentlich wählt man auch wie bei quantitativen Merkmalen das arithmetische Mittel aus

$$x_{(\frac{n}{2})} \text{ und } x_{(\frac{n}{2}+1)}.$$

Bei *gruppierten Daten* kann man nur die Klasse angeben, in der der Median liegt, denn man kennt ja in der Regel nicht die einzelnen Daten in der Klasse. Bei geometrischer Interpretation kann man mit Bezug auf die empirische Verteilungsfunktion sagen, daß der Median in der Klasse liegt, in der die empirische Verteilungsfunktion den Wert 0,5 erreicht.

2.5 MEDIAN

Bei quantitativ gruppierten Daten bestimmt man häufig den Median approximativ. Ist $[x_{r-1}, x_r[$ die Medianklasse, so berechnet man den Median durch

$$x_{0,5} = x_{r-1} + \frac{0,5 - \sum_{i=1}^{r-1} h_n(k_i)}{h_n(k_r)} \cdot \Delta k_r.$$

Hierbei bedeuten

- $\sum_{i=1}^{r-1} h_n(k_i)$ die aufaddierten (kumulierten) relativen Häufigkeiten aller Klassen, die kleiner als die Klasse sind, in der der Median liegt,
- $h_n(k_r)$ die relative Häufigkeit der Klasse k_r, in der der Median liegt,
- Δk_r die Breite der Klasse k_r.

Die Bestimmung des Medians ist also recht einfach, wenn man von der Approximation bei gruppierten Daten absieht. Der Median kann durch Abzählen oder durch einfache Rechnung (arithmetisches Mittel zweier Werte) bestimmt werden. Wird der Median als arithmetisches Mittel zweier benachbarter Daten, die voneinander verschieden sind, berechnet, so entspricht dem Median natürlich kein konkreter Datenwert.

Beispiel 9:

Beispiel 16 von S. 53 (Körpergewicht in kg). Es ist n = 30, und es folgt:
$x_{0,5} = 38$ [kg].

Hinweis: Hier gilt: $x_{(\frac{n}{2})} = x_{(\frac{n}{2}+1)} = \frac{1}{2}(x_{(\frac{n}{2})} + x_{(\frac{n}{2}+1)})$.

Beispiel 10:

Beispiel 4 von S. 84 (Gehaltsstatistik).
Der Median $x_{0,5}$ liegt in der Klasse "von 1600 DM bis unter 1800 DM".
Rechnerische Bestimmung:

$$x_{0,5} = 1600 + \frac{0,5 - (\frac{8}{40} + \frac{10}{40})}{\frac{10}{40}} \cdot 200$$

$x_{0,5} = 1600 + 40 = 1640$ [DM].

Der Median stimmt in diesem Beispiel mit dem arithmetischen Mittel überein.
Für quantitative Merkmale besitzt der Median eine wichtige Eigenschaft, die sogenannte **Minimumseigenschaft des Medians**.

Satz: Die Summe der absoluten Abweichungen aller Daten x_i von ihrem Median ist kleiner oder gleich der Summe aller absoluten Abweichungen der Daten x_i von irgendeinem anderen Wert c, ist also ein Minimum. Es gilt:

$$\sum_{i=1}^{n} |x_i - x_{0,5}| \leq \sum_{i=1}^{n} |x_i - c| \quad \text{für beliebiges } c \in \mathrm{IR}.$$

Der arithmetische Nachweis dieser Eigenschaft erfordert einigen Rechenaufwand. Man macht zweckmäßigerweise eine Fallunterscheidung und betrachtet die Fälle, daß die Anzahl der Daten gerade bzw. ungerade ist. Der Beweis ist allenfalls in der Sekundaratufe II zu leisten. Einen schönen graphischen Nachweis findet man in Bentz, H.J. (1984, a.a.O., S. 201-205) und in Bentz, H.J /Borovcnik, M. (1984, a.a.O., 210 -213), der auch in der Sekundarstufe I möglich ist.

Diese Eigenschaft des Medians ist der Hintergrund für eine "klassische" Anwendung des Medians, die auch in Schulbüchern zu finden ist. Es handelt sich darum, ein "Standortproblem" zu lösen.

Beispiel 11: Standortproblem

Ein Unternehmen muß entlang einer Straße 7 Geschäfte wöchentlich einmal beliefern. Wo ist an dieser Straße der Standort des Unternehmens mit Lager einzurichten, damit die Gesamtstrecke zu allen Geschäften möglichst kurz ist?

Lösung: Bezeichnet man mit x_i (i= 1, 2, ..., 7) die Lage der 7 Geschäfte, so ist eine Zahl a gesucht, so daß $\sum_{i=1}^{7} |x_i - a|$ minimal ist. Nach obigem Satz besitzt der Median diese lineare Minimumseigenschaft.

Für konkrete Situationen und für eine spezielle Fragestellung läßt sich das Standortproblem im Unterricht der Sekundarstufe I elementar behandeln.
Die Lage der sieben Geschäfte 1,2,3,4,5,6,7 an der Straße sei so wie in nachfolgender Skizze angegeben. Zwischen den Positionen der Geschäfte sind die Entfernungen benachbarter Geschäfte in km angegeben. Wir fragen jetzt speziell, bei *welchem Geschäft* das Lager einzurichten ist, damit die Gesamtstrecke zur Belieferung aller Geschäfte minimal ist.

Nach der Minimumseigenschaft des Medians ist das Lager bei Geschäft Nr. 4 einzurichten. Schüler können das Ergebnis bei unserer speziellen Fragestellung konkret überprüfen, indem sie eine Entfernungstabelle für die Geschäfte aufstellen:

2.7 MODALWERT

	1	2	3	4	5	6	7	Summe
1	-	20	30	60	80	110	130	430
2	20	-	10	40	60	90	110	330
3	30	10	-	30	50	80	100	300
4	60	40	30	-	20	50	70	270
5	80	60	50	20	-	30	50	290
6	110	90	80	50	30	-	20	380
7	130	110	100	70	50	20	-	480
Summe	430	330	300	270	290	380	480	

Aus der Tabelle liest man ab, daß für den Standort des Lagers bei Geschäft Nr.4 die Summe der Entfernungskilometer kleiner ist als bei den anderen Geschäften.

2.6 QUANTILE

Der Median ist ein Spezialfall der p-Quantile. Wir beschreiben p-Quantile für quantitative Merkmale. Unter einem p-Quantil versteht man eine Zahl, für die gilt: Mindestens $p \cdot 100\%$ der Daten liegen vor dem p-Quantil, mindestens $(1-p) \cdot 100\%$ der Daten liegen nach dem p-Quantil.
Hinweis: Für $p = 0,5$ erhält man den Median.
Zur Berechnung des p-Quantils legt man fest:
Sei $x_{(1)} \leq x_{(2)} \leq x_{(3)} \leq ... \leq x_{(n)}$ eine geordnete Meßreihe. Dann wird das p-Quantil berechnet durch:

$x_p = x_{([np]+1)}$, falls np nicht ganzzahlig ist,

$x_p = \frac{1}{2}(x_{(np)} + x_{(np+1)})$, falls np ganzzahlig ist.

Hinweis: Diese Berechnung stimmt für $p=0,5$ mit der auf S.94 angegebenen Berechnung für den Median überein. In der Praxis treten p Quantile häufig auf. Es sind die folgenden Bezeichnungen üblich (Auswahl):
$x_{0,25}$ heißt erstes Quartil (auch unteres Quartil),
$x_{0,5}$ heißt zweites Quartil (Median),
$x_{0,75}$ heißt drittes Quartil (auch oberes Quartil),
$x_{0,1}$ heißt erstes Dezil,
$x_{0,9}$ heißt neuntes Dezil.

2.7 MODALWERT

Geht es bei Untersuchungen um Krankheiten bzw. Warenfehler, so kann ein Interesse daran bestehen, die häufigste Krankheit bzw. den häufigsten Fehler einer Ware zu kennen. Der hierfür geeignete Lageparameter ist der Modalwert (im Französischen: valeur normale, im Englischen: mode):
Der Modalwert x_{Mod} ist die Merkmalsausprägung,
die am häufigsten vorkommt.

4 Kütting

Der Modalwert heißt auch Modus oder dichtester Wert.
Der Modalwert ist sehr einfach zu bestimmen und sehr wirklichkeitsnah. Er ist bei qualitativen Merkmalen das einzige anwendbare Lagemaß. Der Modalwert braucht jedoch nicht eindeutig zu sein. Bei mehrgipfligen Verteilungen können zwei oder mehrere lokale Häufigkeitsstellen als lokale Modalwerte vorhanden sein.

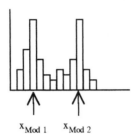

$x_{Mod\ 1}$ $x_{Mod\ 2}$

Bei gruppierten Daten nimmt man als Modalwert den Repräsentanten (die Klassenmitte) der Klasse mit der größten Häufigkeit.

2.8 ABSCHLIESSENDE BEMERKUNGEN: DIE MITTELWERTE IM ÜBERBLICK UND VERGLEICH

Mittelwerte von Daten sind Kennzahlen
- zur Charakterisierung (Zusammenfassung) der statistischen Daten einer Datenmenge,
- zum Vergleich verschiedener Datenmengen ähnlicher Erhebungen.

Mittelwerte nehmen also die Funktion von Ersatzwerten für die jeweilige Datenmenge wahr.

Die verschiedenen Mittelwerte sagen alle etwas anderes aus, sie besitzen unterschiedliche sachlogische Bedeutungen. Deshalb sollte es im Unterricht auch um die Frage der Wahl des für das betreffende Datenmaterial «richtigen» Mittelwertes gehen.

Zunächst ist die Wahl unter **Berücksichtigung** der vorliegenden **Merkmalsart** zu treffen:
- Der *Modalwert* ist der einzige Mittelwert, der bei allen Typen von Merkmalen anwendbar ist. Bei qualitativen Merkmalen ist er auch der einzige.
- Der *Median* und die Quantile sind Kennziffern für Rangmerkmale und quantitative Merkmale.
- *Arithmetisches Mittel, geometrisches Mittel* und *harmonisches Mittel* sind bei quantitativen Merkmalen anwendbare Mittelwerte. Sie sollten nicht für Rangmerkmale benutzt werden.

2.8 ABSCHLIESSENDE BEMERKUNGEN

Gibt es bei einer Merkmalsart mehrere Möglichkeiten, so ist für die "richtige" Entscheidung dann das konkrete Sachproblem heranzuziehen. Wir nennen einige **typische Anwendungen für die verschiedenen Mittelwerte:**

- *Modalwert:* Größtes Verkehrsaufkommen an einem Verkehrsknotenpunkt, größte Besucherzahl einer Einrichtung, häufigster Fehler einer Ware, häufigste Todesursache in einem bestimmten Alter, häufigste Krankheit in einem Land.
- *Median:* Der Median kann als mittlerer Wert von Bedeutung sein bei Einkommensvergleichen, z.b. oberhalb und unterhalb liegen gleich viele Einkommensempfänger. In der Pharmakologie fragt man u.a. nach der mittleren letalen Dosis (LD 50). Man fragt also nach der Dosis eines Präparates, die bei 50% der Versuchstiere tödlich wirkt. Da oft nur wenige Tiere zur Verfügung stehen, würde bei Anwendung des arithmetischen Mittels ein extremer Wert das Gesamtergebnis stark beeinflussen. Auch zur Festlegung "mittlerer Preise" kann die Angabe des Medians interessant sein. Wir erinnern ferner an das Beispiel 11, S.96 (Standortproblem).
- *Geometrisches Mittel:* Das geometrische Mittel wird angewandt, um die durchschnittliche relative Veränderung zu bestimmen, z.b.: durchschnittliche Wachstumsrate des Bruttosozialproduktes (siehe Beispiel 6, S.87) oder einer Bevölkerungsentwicklung oder einer Lohnerhöhung. Bei solchen relativen Änderungen ist es nicht sinnvoll, das arithmetische Mittel zu berechnen (siehe Beispiel 5,S.85f). Man beachte, daß die Daten nicht Null oder negativ sein dürfen.
- *Harmonisches Mittel:* Das harmonische Mittel dient z.b. zur Bestimmung der durchschnittlichen Geschwindigkeit bei Angaben der Geschwindigkeit für gleichlange Teilstrecken (siehe Beispiel 7, S.90) und zur Ermittlung des Durchschnittspreises einer Ware mit verschiedenen Preisen aber mit gleichem Kostenaufwand (siehe Beispiel 8, S.91).
- *Arithmetisches Mittel:* Das arithmetische Mittel wird in der Praxis wohl am häufigsten benutzt. Es sollte allerdings nur bei quantitativen Merkmalen und nicht auch bei Rangmerkmalen benutzt werden. Warum besitzt das arithmetische Mittel eine solche Vorrangstelle?
  - Es ist leicht zu berechnen, und die Reihenfolge der Daten spielt keine Rolle. Die Daten müssen also nicht der Größe nach geordnet werden.
  - Wenn man an die Berechnung des arithmetischen Mittels denkt, so erkennt man, daß man aus dem Mittelwert und der Anzahl der Daten die Summe der Daten berechnen kann ($n \cdot \bar{x} = \sum_{i=1}^{n} x_i$) oder aus der Summe der Daten und dem Mittelwert die Anzahl der Daten. Hier liegen Vorteile gegenüber dem Median und Modalwert.
  - Das arithmetische Mittel ist *der* Mittelwert, der später zur weiteren Charakterisierung der Datenmenge durch Streuungsmaße eine wichtige Rolle spielt.

Ein dritter Gesichtspunkt soll noch angesprochen werden: Das **Problem der Ausreißer**. Es handelt sich bei Ausreißern um Daten, die (extrem) weit weg isoliert von der Mehrzahl der Daten liegen. Beispiel: Wenn die monatlichen Einkommen (in DM) von 9 Personen 1600, 1700, 1500, 2000, 2100, 1800, 1900, 1650, 7000 betragen, so könnte 7000 DM als Ausreißer angesehen werden. Soll man solche Ausreißer überhaupt berücksichtigen? Wenn man begründet annehmen kann, daß ein Erhebungsfehler oder Schreibfehler vorliegt, wird man Ausreißer gegebenenfalls unberücksichtigt lassen. Dieses muß aber bei der Auswertung der Daten in jedem Fall angegeben werden. Wie wirken sich Ausreißer auf die Mittelwerte aus? *Modalwert* und *Median* reagieren auf Ausreißer überhaupt nicht. Man sagt, sie sind *unempfindlich* gegenüber Ausreißern. Das kann natürlich als Nachteil angesehen werden.

Arithmetisches Mittel, geometrisches Mittel und *harmonisches Mittel* werden aufgrund des Rechenvorgangs von jedem Einzelwert beeinflußt, also auch von Ausreißern. Das arithmetische Mittel reagiert stärker auf Ausreißer als das geometrische Mittel. Diese *Empfindlichkeit* hat jedoch auch einen Vorteil: Ein "ungewöhnlicher" Mittelwert gibt Veranlassung, kritisch auf die Daten selbst zu schauen.

Ein vierter Gesichtspunkt berücksichtigt den **Größenvergleich der Mittelwerte**. Auf Seite 92 hatten wir schon arithmetisches Mittel, geometrisches Mittel und harmonisches Mittel miteinander verglichen. Es gilt für Daten $x_i > 0$:

$$\bar{x}_h \leq \bar{x}_g \leq \bar{x}.$$

Wir vergleichen jetzt noch arithmetisches Mittel $\bar{x}$, Median $x_{0,5}$ und Modalwert x_{Mod} und teilen ohne Präzisierungen und Begründungen einige Ergebnisse mit.
Stellt man Daten graphisch dar, so kann man erkennen, ob die Häufigkeitsverteilung mehrgipflig, eingipflig (unimodal), symmetrisch, linksschief (rechtssteil) oder rechtsschief (linkssteil) ist.

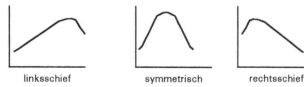

linksschief   symmetrisch   rechtsschief

Bei fast symmetrischen eingipfligen Verteilungen sind Modalwert, Median und arithmetisches Mittel fast gleich. Es ist also unerheblich, welchen Mittelwert man nimmt. Bei linksschiefen Verteilungen gilt:

(1) $\bar{x} < x_{0,5} < x_{Mod}$

(also in der Reihenfolge wie im englischen Wörterbuch: <u>mean</u> < <u>median</u> < <u>mode</u>).
Bei rechsschiefen Verteilungen gilt:

(2) $x_{Mod} < x_{0,5} < \bar{x}.$

Wir beschließen diesen Abschnitt mit einer Bemerkung und einem Beispiel.

3. STREUUNGSPARAMETER

Die Bemerkung: Es gibt keine allgemeinen Richtlinien für die Verwendung von Mittelwerten. Oberstes Gebot sollte immer sein: Der gewählte Mittelwert sollte repräsentativ für die Datenmenge sein. Das kann er allein nicht leisten. Man benötigt noch eine Beschreibung der Streuung der Daten um den angegebenen Mittelwert. Im nächsten Abschnitt befassen wir uns damit.

Nun das **Beispiel 12 (Kundeneinzugsbereich)**:
Ein eindrucksvolles Beispiel für die richtige Wahl des Mittelwertes liefern G.Bahrenberg/E.Giese (1975, a.a.O., S.14ff). Sie berichten über das Ergebnis einer Kundenbefragung eines Kaufhauses in Münster am 12.12.1970. Die 446 Kunden wurden nach der Lage ihrer Wohnung befragt. Die anschließend bestimmte Luftlinienentfernung zwischen jeder Kundenwohnung und dem Kaufhaus lieferte das Material für die Urliste. Die Verteilung der Entfernungen ist stark asymmetrisch, es treten viele kleine und nur wenige große Entfernungen auf. Die Spannweite (Differenz zwischen dem größten und kleinsten Wert) beträgt 67,6 km - 0,1 km = 67,5 km. Es ergaben sich die folgenden Mittelwerte:
Arithmetisches Mittel $\overline{x} = 12{,}51$ km,

Median $x_{0{,}5} = 4{,}2$ km,

Modalwert $x_{Mod} = 1{,}3$ km.
Der Modalwert $x_{Mod} = 1{,}3$ km wurde 19 mal angenommen. Er ist damit in diesem Beispiel kein geeigneter Lageparameter. Das arithmetische Mittel sagt wegen der Asymmetrie der Verteilung und der großen Spannweite für die Fragestellung wenig aus. Es reagiert äußerst empfindlich auf sogenannte Ausreißer. Dagegen ist der Median für die Kennzeichnung des Kundeneinzugsbereichs von größtem Interesse:
Im Kreis um das Kaufhaus als «Mittelpunkt» mit dem Median $x_{0{,}5}$ als Radius wohnen 50 % der Kunden. Für den Fall in Münster bedeutet das konkret, daß 50 % der Kunden aus der Stadt selbst kommen. Im Vergleich zum arithmetischen Mittel gefährden extreme Werte den Median nicht. Durch den Median ist also die Sache «Kundeneinzugsbereich» am besten so beschrieben, wie sie wirklich ist.

3. Streuungsparameter

Streuungsmaße geben wie Mittelwerte weitere Informationen über die Verteilung der Meßwerte. Ganz allgemein bedeutet Streuung in einer Datenmenge die Abweichung der Meßwerte voneinander, oder auch spezieller die Abweichung der Meßwerte einer Datenmenge von einem Mittelwert der Datenmenge als Bezugspunkt. Beide Gesichtspunkte führen zu spezifischen Streuungsmaßen. Der erste Gesichtspunkt (keine Berücksichtigung von Mittelwerten als Bezugswerte) führt zu Begriffen wie **Spannweite** und **Quartilabstand**. Der zweite Gesichtspunkt findet in der **mittleren absoluten Abweichung**, der **empirischen Varianz** und der **empirischen Standardabweichung** seine Berücksichtigung. Diese Streuungsmaße werden wir im folgenden besprechen.

Streuungsmaße sind für die Datenaufbereitung ein wichtiger Faktor. Denn eine Reduktion der Daten auf die *eine* Angabe eines geeigneten Mittelwertes ist zwar eine kurze, aber nicht in jedem Fall auch eine aussagekräftige Beschreibung der Datenmenge. Mittelwerte sind um so weniger repräsentativ für eine Datenmenge je weniger die Merkmalsausprägungen mit dem Mittelwert übereinstimmen. Man braucht zur Interpretation auch einen Aussage über die Streuung der Daten. Das setzt aber die Anordbarkeit der Merkmalsausprägungen voraus. Es sind also mindestens Rangmerkmale vorausgesetzt, in der Regel quantitative Merkmale. Nominalskalierte Merkmale entziehen sich auch hier der Aufbereitung.

Schülern wird man zunächst durch Beispiele das Problem bewußt machen:
1. Zwei Schüler vergleichen die Noten ihrer letzten drei Klassenarbeiten im Fach Deutsch. Schüler A: 3,3,3 , Schüler B: 2,4,3.
Median und arithmetisches Mittel sind in beiden Fällen gleich, nämlich 3. Beide Datenmengen unterscheiden sich aber durch die Streuung der Daten. Die Aufbereitung der Daten kann durch die Angabe eines Streuungsmaßes verbessert werden.
2. Ein "klassisches" Beispiel ist der Vergleich von Jahresdurchschnittstemperaturen von Quito und z.B. Peking. In Quito (in Ecuador am Äquator gelegen) herrscht "ewiger Frühling" mit einer Temperatur stets um etwa 13°C durch das ganze Jahr, wohingegen in Peking die Temperaturen in der Jahreszeit schwanken zwischen fast 30°C und -6°C. Aber auch hier beträgt die Jahresdurchschnittstemperatur etwa 13°C.
Anmerkung: Das Äquatordenkmal in der Umgebung von Quito verfehlt um etwa 8 km den Äquator.

3.1 SPANNWEITE

Die Spannweite SW (englisch: range) ist das einfachste und wohl auch anschaulichste Streuungsmaß für Daten. Es berücksichtigt noch nicht Mittelwerte als Bezugspunkte für die Berechnung der Streuung. Die **Spannweite SW ist definiert** als die Differenz zwischen dem größten und kleinsten Merkmalswert:

$$SW = x_{(max)} - x_{(min)}.$$

In dem Intervall $[x_{(min)}, x_{(max)}]$ liegen also alle Merkmalsausprägungen. Die Spannweite wird auch Variationsbreite genannt.

Beispiel 13:

a) Für Beispiel 16 (Körpergewichte in kg von Schulkindern, S.53)
 ergibt sich eine Spannweite von 51- 27 = 24[kg].
b) in Beispiel 17 (Kohlenmonoxidabgabe in % bei Autos, S.53) beträgt die Spannweite 5,0 - 1,7 = 3,3.

3.2 QUARTILABSTAND

Der Begriff der Spannweite ist leicht verständlich, und die Spannweite ist ohne großen Rechenaufwand bestimmbar. Diesen Vorteilen stehen aber auch Nachteile gegenüber:

- Die Aussagekraft der Spannweite ist gering, denn die Spannweite wird nur durch den größten und kleinsten Wert bestimmt, wird also stark durch Extremwerte (Ausreißer) beeinflußt.
- Die Spannweite gibt keine Auskunft darüber, wie sich die Daten innerhalb des Intervalls $[x_{(min)}, x_{(max)}]$ verteilen.
- Die Spannweite ändert sich in der Meßreihe nur, wenn ein Wert auftritt, der kleiner als der bisher kleinste oder größer als der bisher größte Wert ist.

3.2 QUARTILABSTAND

Während durch die Spannweite ein Bereich festgelegt ist, in dem 100% der Merkmalswerte liegen, wird durch den Quartilabstand ein Bereich definiert, in dem 50% aller Meßwerte liegen, und in dem auch der Median $x_{0,5}$ liegt. Der **Quartilabstand QA** ist **definiert** als die Differenz zwischen dem oberen (dritten) Quartil und dem unteren (ersten) Quartil:

$$QA = x_{0,75} - x_{0,25}.$$

Der Quartilabstand ist also ähnlich einfach zu bestimmen wie die Spannweite. Der Median $x_{0,5}$ liegt zwar immer gemäß Definition in dem Bereich, der durch den Quartilabstand festgelegt ist, bei asymmetrischen Verteilungen liegt der Median aber nicht in der Mitte des Quartilsintervalls $[x_{0,25}, x_{0,75}]$. Siehe hierzu auch das nächste Beispiel.

Durch den Quartilabstand werden die Daten praktisch in 3 Bereiche eingeteilt:
a) 25% der Werte, die kleiner als das untere Quartil sind.
b) 50% der Werte, die im Quartilintervall $[x_{0,25}, x_{0,75}]$ liegen.
c) 25% der Werte, die größer als das obere Quartil sind.

Beispiel 14:
a) Für Beispiel 16 (Körpergewichte in kg von Schulkinder, S.53) gilt:
$x_{0,75} = 44$, $x_{0,25} = 35$ und $QA = x_{0,75} - x_{0,25} = 44 - 35 = 9[kg]$.

Für den Median $x_{0,5}$ gilt: $x_{0,5} = 38[kg]$.
b) Im Beispiel 17 (Kohlenmonoxidauspuff in % bei Autos, S. 53) gilt:

$QA = x_{0,75} - x_{0,25} = 2,4 - 1,9 = 0,5[\%]$.

Der Median $x_{0,5}$ liegt bei 2,0 [%].

Ergänzung

Eine gegebene Datenmenge wird gelegentlich durch die fünf Kennzahlen

$x_{0,5}$, $x_{0,25}$, $x_{0,75}$, $x_{(min)}$ und $x_{(max)}$ beschrieben. Man spricht von einer **Fünf-Zahlen-Zusammenfassung**. Man ordnet die 5 Zahlen im Schema folgendermaßen an:

	$x_{0,5}$		Konkret für das Beispiel 16 auf S.53 erhält man:		38	
$x_{0,25}$		$x_{0,75}$		35		44
$x_{(min)}$		$x_{(max)}$		27		51

3.3 BOX-PLOT-DIAGRAMM

Eine weitere graphische Darstellung für Datenmengen, die den Quartilabstand benutzt, gewinnt durch die Explorative Datenanalyse (EDA) an Bedeutung. Wir meinen das **box-plot-Diagramm** (Kastenschaubild) und erläutern das Diagramm durch ein Beispiel.

Beispiel 15:
Das folgende Bild gibt das box-plot-Diagramm für das Beispiel 17 (Kohlenmonoxidgehalt in % bei Auspuffgasen von Autos, S.53f) wieder:

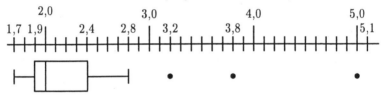

Der Kasten markiert die drei Quantile $x_{0,25} = 1,9$, $x_{0,5} = 2,0$, $x_{0,75} = 2,4$. Die Länge des Kastens reicht von $x_{0,25} = 1,9$ bis $x_{0,75} = 2,4$, sie beträgt also einen Quartilabstand : 0,5. Die Breite des Kastens ist willkürlich. An der Stelle des Medians $x_{0,5} = 2,0$ ist der Kasten durch einen Strich häufig geteilt (siehe Abbildung). An den Kasten werden whiskers (Fühler, eigentlich: Schnurrhaare bei der Katze) angesetzt. Sie reichen bis zum kleinsten bzw. größten beobachteten Wert innerhalb eines Quartilabstandes QA, jeweils gemessen von den Enden des Kastens aus (im Beispiel links bis 1,7, rechts bis 2,8). Die Fühlerenden sind die Grenzen eines sogenannten inneren Zaunes, nach links bis maximal $x_{0,25} - 1QA$, nach rechts bis maximal $x_{0,75} + 1QA$.

Außerhalb der Fühlerenden jeweils bis 1,5QA (gemessen vom Kastenende) liegende Werte werden als Kreise O eingezeichnet. Diese fehlen im vorliegenden Beispiel, da es keine Werte zwischen 1,15 und 1,7 (links) und 2,8 und 3,15 (rechts) gibt.

3.3 BOX-PLOT-DIAGRAMM

Würde beispielsweise ein Wert 1,4 oder 3,0 aufgetreten sein, so würden diese Werte durch O gekennzeichnet.
Weiter als 1,5 QA vom Kasten entfernt liegende Werte werden als fette dicke Punkte ● eingetragen. Diese Werte (sie liegen unter $x_{0,25} - 1{,}5QA$ oder über $x_{0,75} + 1{,}5QA$) könnte man als Ausreißer bezeichnen. In diesem Beispiel haben wir 3 Ausreißer.

Hinweis:
Die Festlegung der maximalen Länge der Fühler ist nicht einheitlich. Statt 1QA wählt man z.B. auch 1,5 QA.

Beispiel 16:

Die im nebenstehenden Stengel-Blatt-Diagramm fiktiven Daten über die prozentuale Abweichung vom Normalgewicht bei 62 Personen mit hohem Blutdruck ergeben das folgende box-plot-Diagramm. Wir berechnen zunächst einige wichtige Werte.

stem-leaf-Diagramm

```
 8 | 1 5 9 9
 9 | 1 2 4  5 6
10 | 0 2 2 2 2 3 3 6 7 7 8 8
11 | 2 3 3 4 4 5 5 5 6 7 7 8 8 9 9 9 9
12 | 0 0 1 2 2 3 3 3 3 5 5 5
13 | 0 0 1 2 3
14 | 0 0 4 4 7
15 | 3
16 | 3
```

Es ist : $x_{0,25} = 103$; $x_{0,75} = 123$; $x_{0,5} = 117$;
$x_{0,75} - x_{0,25} = 1QA = 20$;
$x_{0,25} - 1QA = 83$; $x_{0,75} + 1QA = 143$;
$x_{0,75} + 1{,}5QA = 153$.
Der linke Fühler geht bis 85, der rechte Fühler bis 140. Die untereinandergesetzten zwei Kreise 8 bedeuten, daß der Wert 144 zweimal auftritt.

Box-plot-Diagramm

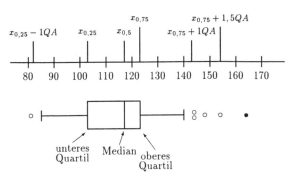

3.4 MITTLERE ABSOLUTE ABWEICHUNG

Bei diesem Streuungsmaß handelt es sich um ein Maß für die Abweichungen der Daten von einem Mittelwert als Bezugswert. Bezugswert ist meistens das arithmetische Mittel.

Wenn in Schulversuchen ein Streuungsmaß für die Abweichungen der Daten vom arithmetischen Mittel gefunden werden sollte, schlugen die Schüler wiederholt vor, die (algebraische) Summe aller Abweichungen vom Mittelwert zu bilden und dann diese Summe durch die Anzahl der Daten zu dividieren. Denn man will ja einen Mittelwert für die Abweichungen bestimmen. Zur Überraschung der Schüler ergab sich bei verschiedenen Datenmengen stets Null als Ergebnis. Die inhaltliche Bedeutung des arithmetischen Mittels mußte den Schülern erst wieder präsent werden. Es gilt ja stets $\sum_{i=1}^{n}(x_i - \overline{x}) = 0$ (vgl. S.78f). Das konnte leicht geklärt werden, und es ergaben sich dann sofort auch geeignete Vorschläge, wie die an sich richtige Überlegung präzisiert werden muß, um ein Streuungsmaß für die Abweichungen zu erhalten. Man schlug vor, die Abweichungen der Daten vom arithmetischen Mittel absolut zu wählen. Das führte dann zur Definition der **mittleren (linearen) *absoluten* Abweichung vom arithmetischen Mittel**. Die andere Möglichkeit, nämlich die einzelnen Abweichungen zu quadrieren (dann werden Differenzen stets nichtnegativ) sehen die Schüler in der Regel nicht.

Definition:
Seien $x_1, x_2, x_3, ..., x_n$ Merkmalsausprägungen eines quantitativen Merkmals.
Sei $\overline{x}$ das arithmetische Mittel dieser Daten.

Dann heißt $d_{\overline{x}} = \frac{1}{n} \cdot \sum_{i=1}^{n} |x_i - \overline{x}| = \frac{1}{n}(|x_1 - \overline{x}| + ... + |x_n - \overline{x}|)$

die **mittlere (lineare) absolute Abweichung** vom arithmetischen Mittel $\overline{x}$.

Hinweis:
Analog kann man auch die mittlere absolute Abweichung vom Median einführen:

$d_{x_{0,5}} = \frac{1}{n} \sum_{i=1}^{n} |x_i - x_{0,5}| = \frac{1}{n}(|x_1 - x_{0,5}| + ... + |x_n - x_{0,5}|)$.

Beispiel 17:
Für Beispiel 16 (Körpergewichte in kg von Schulkindern, S.53)

ergibt sich $d_{\overline{x}} = \frac{1}{30} \sum_{i=1}^{30} |x_i - 38{,}93| \approx \frac{155{,}86}{30} \approx 5{,}20 \, [\text{kg}]$.

3.5 EMPIRISCHE VARIANZ

EMPIRISCHE STANDARDABWEICHUNG

Auch bei der Berechnung dieses Streuungsmaßes ist das arithmetische Mittel der Daten die Bezugsgröße. Während oben bei der Bildung der mittleren absoluten Abweichung die positiven und negativen Abweichungen durch die Betragsbildung zu absoluten Abweichungen wurden (sie konnten sich so nicht mehr insgesamt wechselseitig aufheben), erreicht man dieses bei der Bildung der empirischen Varianz durch Quadratbildung des jeweiligen Abstandes. Die Summe dieser Quadrate teilt man zur Mittelwertbildung aber nicht durch die Anzahl n der Daten (Summanden), sondern durch n−1 (vgl. hierzu die späteren Anmerkungen).

Definition:
Bezeichnen $x_1, x_2, x_3, ..., x_n$ die Merkmalsausprägungen eines quantitativen Merkmals, und bezeichnet $\bar{x}$ das arithmetische Mittel dieser Daten, so bezeichnet

man als **empirische Varianz** s^2 die Zahl $s^2 = \dfrac{1}{n-1} \sum_{i=1}^{n} (x_i - \bar{x})^2$, $n \geq 2$.

Es handelt sich bei der empirischen Varianz um ein *quadratisches* Abstandsmaß. Man kann in Annäherung sagen, daß die Varianz das arithmetische Mittel der Abweichungsquadrate ist. Wie bei der mittleren absoluten Abweichung vom arithmetischen Mittel werden auch hier bei der empirischen Varianz die Abweichungen aller Daten vom arithmetischen Mittel berücksichtigt. Durch das Quadrieren werden größere Abweichungen vom arithmetischen Mittel in starkem Maße berücksichtigt.

Die empirische Varianz hat als Streuungsparameter wegen der Quadratur eine andere Einheit als die Merkmalsausprägungen. Sind z.B. die Merkmalsausprägungen in kg gemessen, so wird s^2 in $(kg)^2$ gemessen. Man definiert deshalb als weiteres Maß die **empirische Standardabweichung** s (englisch: standard deviation), indem man die Quadratwurzel aus s^2 zieht:

$$s = \sqrt{\dfrac{1}{n-1} \sum_{i=1}^{n} (x_i - \bar{x})^2} \ , \ n \geq 2.$$

Dadurch hat das Streuungsmaß wieder die ursprüngliche Einheit. Empirische Standardabweichung s und empirische Varianz s^2 werden in den Anwendungen am häufigsten gebraucht.

Anmerkungen:

1. Die Frage, warum man bei der empirischen Varianz bei der Mittelwertbildung der quadratischen Abweichungen durch n−1 und nicht durch n dividiert, kann in der Sekundarstufe I nicht überzeugend beantwortet werden.
In der Sekundarstufe II kann im Rahmen der Schätztheorie die Begründung für die Division durch n−1 statt durch n gegeben werden: Die empirische Varianz

V. STATISTISCHE MASSZAHLEN

$s^2 = \dfrac{1}{n-1} \sum_{i=1}^{n} (x_i - \bar{x})^2$ ist ein sogenannter erwartungstreuer Schätzer für die

Varianz σ^2, während $s^2 = \dfrac{1}{n} \sum_{i=1}^{n} (x_i - \bar{x})^2$ kein erwartungstreuer Schätzer wäre.

2. In der (didaktischen) Literatur findet man bei obigen Definitionen auch die Division durch n statt durch n−1. Auf Taschenrechnern sind beide Implementationen gebräuchlich. Deshalb sollte vorher überprüft werden, ob durch n oder n−1 dividiert wird.
3. Bei großem Stichprobenumfang n ist der Unterschied zwischen der "Division durch n" und der "Division durch n−1" jedoch unerheblich.
4. Bei Anwendungen (insbesondere in den Naturwissenschaften) gibt man arithmetisches Mittel $\bar{x}$ und Standardabweichung s häufig nicht getrennt an, sondern in der Form $\bar{x} \pm s$.
5. Hat man annähernd normalverteilte Daten wie etwa in Beispiel 15, Seite 51, dann gilt:

a) ca. 68% der Daten liegen im Bereich $\bar{x} \pm s$, also im Intervall zwischen $\bar{x} - s$ und $\bar{x} + s$.

b) ca. 96% der Daten liegen im Bereich $\bar{x} \pm 2s$.

c) ca. 99% der Daten liegen im Bereich $\bar{x} \pm 3s$.

Fall a) bedeutet, daß im Durchschnitt etwa 68% der Daten um *höchstens eine* Standardabweichung vom Mittelwert $\bar{x}$ abweichen. Diese anschauliche Interpretation der empirischen Standardabweichung steht in Korrespondenz zu den 3σ-Regeln bei der Normalverteilung. Das ist ein Grund dafür, daß die Standardabweichung in der Statistik eine große Rolle spielt.

Beispiel 18:

Wir betrachten Beispiel 16 (Körpergewichte in kg von Schulkindern, S.53)
a) n=30, $\bar{x} = 38{,}93$ [kg].

$s^2 = \dfrac{1}{29} \sum_{i=1}^{30} (x_i - 38{,}93)^2 \approx 39{,}09 \; [kg^2]$;

$s \approx 6{,}25 \, [kg]$;

$\bar{x} \pm s = 38{,}93 \pm 6{,}25$ [kg].

b) n=30, $\bar{x} = 38{,}93$ [kg]. Bei der Berechnung von s^2 und s dividieren wir jetzt durch 30:

3.6 ABSCHLIESSENDE BEMERKUNGEN

$$s^2 \approx \frac{1}{30} \sum_{i=1}^{30}(x_i - 38,93)^2 \approx 37,79 [kg^2];$$

$s \approx 6,15 [kg]; 01$

$\bar{x} \pm s = 38,93 \pm 6,15 [kg].$

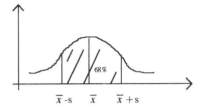

3.6 ABSCHLIESSENDE BEMERKUNGEN

1. Da Mittelwerte allein nicht aussagekräftig sind, bedürfen sie zur sachgemäßen Interpretation als Ergänzung der Streuungsmaße. Denn wenn ein See eine durchschnittliche Tiefe von 0,80 m hat, so ist es dennoch nicht ratsam, zu versuchen, den See aufrecht gehend zu durchqueren. Der See könnte ja an einer zu durchquerenden Stelle 3 m tief sein. Streuungsmaße müssen deshalb auch im Schulunterricht erarbeitet werden. Eigene Schulversuche haben gezeigt, daß Schüler aller Schulformen in der Sekundarstufe I diese Begriffswelt verständnisvoll erarbeiteten können. Durch geeignet gewählte Beispiele wie z.b. Vergleiche von Leistungsnoten zweier Schulklassen oder Vergleiche von Sportleistungen zweier Schulen können Schüler hoch motiviert werden.
2. Die Konstruktion der Streuungsparameter erfolgte nach zwei unterschiedlichen Prinzipien:
   - Die Maßzahl wird durch den Abstand zweier Rangmerkmale bestimmt (vgl. Spannweite, Quartilabstand)
   - Die Maßzahl wird durch die Abstände der Daten von einem Lageparameter bestimmt (vgl. mittlere absolute Abweichung, empirische Varianz).
3. Die Aussagekraft des Quartilabstandes ist größer als die der Spannweite, da sich der Quartilabstand nicht nur auf den größten und kleinsten Wert stützt. Durch den Quartilabstand werden die Daten in drei Bereiche aufgeteilt.
4. Von den angeführten Streuungsparametern können die Spannweite, der Quartilabstand und die mittlere absolute Abweichung vom arithmetischen Mittel in der Sekundarstufe I aller Schulformen ohne Schwierigkeiten behandelt werden.
   Da das arithmetische Mittel unter den Mittelwerten eine dominante Rolle einnimmt, müssen den Schülern auch Streuungsmaße, die das arithmetische Mittel als Bezugswert haben, vertraut sein. Dazu gehören die mittlere absolute Abweichung vom arithmetischen Mittel und die empirische Standardabweichung. Im

Zusammenhang mit der Behandlung der Quadratwurzel sollte auch die Behandlung der empirischen Standardabweichung in jedem Falle angestrebt werden.

5. Stärker als bisher sollten auch die Fünf- Punkte -Darstellung und die box-plot-Darstellung für Daten in der Schule genutzt werden. Diese Darstellungen vermitteln in knapper und übersichtlicher Form wesentliche Informationen über die Datenmenge.

6. Allgemein gilt für den Größenvergleich der empirischen Standardabweichung mit der mittleren absoluten Abweichung vom arithmetischen Mittel die Ungleichung:

$$s \geq d_{\bar{x}}.$$

gehört - notiert

„Ich weiß, daß es ein statistisches Kunststück ist, aber es ist die volle Wahrheit."
Wohnungsbauminister Oskar Schneider vor der Presse in Bonn, nachdem er Übereinstimmung des Prozentsatzes von 5,3 Prozent für durchschnittliche Mieterhöhungen und für den Rückgang der Zahl arbeitsloser Bauarbeiter im Verlauf des letzten Jahres festgestellt hatte.

(Entnommen: Westfälische Nachrichten, Nr. 45, 22.Februar 1984)

VI. Lineare Regression und Korrelation

1. Einführung

Bisher haben wir uns ausschließlich mit der Datenaufbereitung *eines* Merkmals befaßt. Von Interesse und von Bedeutung für die Praxis sind aber auch Erkenntnisse über *statistische* Zusammenhänge zwischen *zwei* oder *mehr* Merkmalen innerhalb derselben statistischen Masse. Es geht also in diesem Kapitel um das Entdecken von Zusammenhängen.

Obwohl der in diesem Kapitel angesprochene Themenkreis stärker der Sekundarstufe II als der Sekundarstufe I zuzuordnen ist, soll er doch kurz angesprochen werden, da in der Praxis häufig von Korrelationen gesprochen und dann oft fälschlicherweise schnell auf *kausale* Zusammenhänge geschlossen wird.

Wir beschränken uns auf bivariate (zweidimensionale) Verteilungen. Wir beobachten und vergleichen also Daten von zwei Merkmalen, die gleichzeitig an einer statistischen Einheit erhoben worden sind, z.b. Körpergröße und Körpergewicht bei Personen, Bruttoeinkommen und Kapitalvermögen bei Familien, Geschwindigkeit und Bremsweg bei Autos, Nettoeinkommen und Mietkosten für das Wohnen, Alter von Männern und Alter von Frauen bei Ehepaaren usw.

In Abschnitt 2 beschreiben wir den Zusammenhang der zwei Variablen X und Y zunächst durch eine Funktion. Wir beschränken uns auf den einfachen Fall des linearen Zusammenhangs und bestimmen die *Regressionsgeraden*. Dabei ist zu bedenken, daß der errechnete funktionale Zusammenhang zwischen den zwei Größen natürlich nur eine mathematische Modellbeschreibung für ein gegebenes Sachproblem ist. Eine eventuell tatsächlich vorhandene kausale Abhängigkeit der zwei Größen voneinander kann nicht aus dem mathematischen Modell gefolgert werden. Hier ist der Fachmann für das jeweilige Sachproblem gefordert. Das gilt auch für den anschließend in Abschnitt 3 behandelten *Korrelationskoeffizienten*. Dieser ist ein Maß für die Stärke des linearen Zusammenhangs.

2. Lineare Regression

Das Wort Regression (lateinisch: regressus: Rückkehr, Rückzug) ist von seinem Wortsinn her eine zunächst durchaus merkwürdig erscheinende Bezeichnung für den durch die Bezeichnung heute in der beschreibenden Statistik gemeinten Sachverhalt. Grob gesagt geht es in der beschreibenden Statistik bei der Regression um eine Beschreibung einer Variablen als Funktion einer anderen Variablen. Es sollen

VI. LINEARE REGRESSION UND KORRELATION

also stochastische Zusammenhänge (Abhängigkeiten) zweier Variablen beschrieben werden.

Die Bezeichnung Regression ist historisch bedingt und geht auf *Sir Francis Galton* (1822-1911) zurück. In seinen Studien zur Vererbungslehre stellte Galton fest, daß einerseits große Väter häufig große Nachkommen haben, daß aber andererseits die durchschnittliche Größe der Nachkommen kleiner ist als die der Väter. Analog verhielt es sich mit der Kleinheit. Kleinere Väter hatten häufig kleine Nachkommen, aber die Durchschnittsgröße der Nachkommen war größer als die der Väter. Es ist insgesamt eine Tendenz zur Durchschnittsgröße der Nachkommen gegeben, d.h. es liegt ein Zurückgehen (eine Regression) bezüglich der Größe der Nachkommen auf den Durchschnitt vor. Allgemeiner formuliert: Eine Eigenschaft des Menschen wird von den Nachkommen zwar übernommen, aber nur in einem geringeren Maße. Bezüglich der Eigenschaft tritt also eine (langsame) Rückbildung ein. Galton sprach von einer Regression. Die Merkmalsausprägung aller Individuen einer Art schwankt um einen Mittelwert.

Doch lassen wir Galton selbst zu Wort kommen. In der Einleitung zu der zweiten Ausgabe von 1892 seines Werkes "Heriditary Genius" schreibt Galton: "In der *Natürlichen Vererbung* habe ich gezeigt, daß die Verteilung von Eigenschaften in einer Bevölkerung nicht konstant bleiben kann, wenn *durchschnittlich* die Kinder ihren Eltern ähnlich sehen. Ist dies der Fall, so würden die Riesen (in bezug auf irgend eine geistige oder physische Eigentümlichkeit) in jeder folgenden Generation noch riesiger und die Zwerge noch zwerghafter werden. Die gegenwirkende Tendenz ist die, welche ich "Regression" nenne. " [1] Bei Galton wird also eine Denkweise deutlich, die an Quetelet (siehe Kapitel I) erinnert, nämlich das Bemühen, Durchschnittstypen zu erkennen und aufzustellen.

Wie schon in der Einführung bemerkt, beschränken wir uns im folgenden auf die Behandlung zweier Variablen.
Sind zweidimensionale Verteilungen (X,Y) gegeben, z.B. die gemeinsame Verteilung der Merkmale Körpergröße X und Körpergewicht Y bei n Personen, so können die Beobachtungswerte dargestellt werden durch Paare von reellen Zahlen
$(x_1,y_1), (x_2,y_2), (x_3,y_3),..., (x_n,y_n)$.
Dieses ist die Urliste. Stellt man diese Datenpaare in einem Koordinatensystem dar, so erhält man eine **Punktwolke (Scatter-Diagramm, Streudiagramm)**. Die Punktwolke kann ganz unterschiedlich aussehen.

---

[1] Galton, F., Genie und Vererbung. Autorisierte Übersetzung von O. Neurath und A. Schapire - Neurath. Leipzig 1910. S. XVIII. Hinweise: Die 1. Auflage von "Heriditary Genius" erschien 1869.- Die "Natürliche Vererbung" hat im Orginal den Titel "Natural Inheritance". Die 1. Auflage dieses Werkes erschien 1889.

2. LINEARE REGRESSION 113

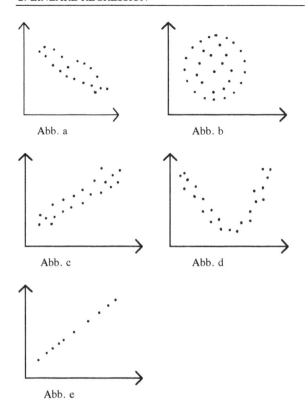

Abb. a

Abb. b

Abb. c

Abb. d

Abb. e

Man versucht, die Punktwolken durch mathematische Funktionen näherungsweise zu beschreiben. Es interessiert die Art (Form) des Zusammenhangs zwischen den beiden Variablen X und Y, falls überhaupt eine Zusammenhangsbeziehung durch die Punktwolke nahegelegt wird. So könnte man bei den Punktwolken in den Abbildungen a und c je einen linearen Zusammenhang, bei der Punktwolke in Abbildung d einen quadratischen Zusammenhang vermuten. Daß alle Meßwerte exakt auf einer Geraden liegen wie in Abbildung e, wird man nicht erwarten können. Dagegen sind auch andere Zusammenhangsbeziehungen, wie z.B. ein exponentieller Zusammenhang, denkbar. Die Punktwolke in Abbildung b läßt keinen Zusammenhang erkennen.

VI. LINEARE REGRESSION UND KORRELATION

In den folgenden Ausführungen beschränken wir uns auf den linearen Fall. Das führt zur Aufstellung der sogenannten Regressionsgeraden. Wir gehen von einem Beispiel aus.

Beispiel 1:

Gegeben sei die gemeinsame Verteilung der Merkmale Körpergröße X (in cm) und Körpergewicht Y (in kg) von 10 Personen. Es handelt sich um fiktive Daten. Die Urliste besteht aus 10 Datenpaaren $(x_i; y_i)$:

(188; 88,5), (177,5; 86,5), (183; 102), (182; 93), (170; 81,5), (185,5; 83,5), (175,5; 82,5), (175,5; 69), (183; 87,5), (173; 79,5).

Bei Darstellung dieser Paare in einem Koordinatensystem erhält man eine **Punktwolke** (ein **Scatter-Diagramm**):

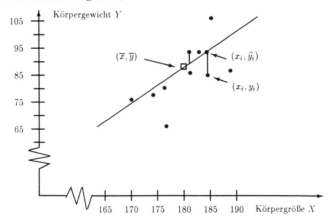

Wir versuchen, zu dieser Punktwolke eine Gerade, die sog. Regressionsgerade, zu bestimmen, die sich der Punktwolke, also den Paaren (x_1, y_1), (x_2, y_2), (x_3, y_3),..., (x_{10}, y_{10}), "besonders gut anpaßt". Mathematisch bedeutet dieses das Aufstellen einer Geradengleichung. Je nachdem wir x bzw. y als unabhängige Variable ansehen, müssen wir die Geradengleichung $y = a + bx$ bzw. $x = c + dy$ bestimmen. Statt von unabhängiger Variable und abhängiger Variable zu sprechen, sollte man besser von Einflußgröße und Zielgröße sprechen. Diese Bezeichnung trifft die Sache und vermeidet Mißverständnisse.

Betrachten wir in unserem Beispiel die Körpergröße X als die Einflußgröße (unabhängige Variable), so suchen wir eine lineare Funktion der Form $y = a + bx$. Diese Gerade ist bestimmt, wenn das absolute Glied a (der Abschnitt auf der y-Achse) und die Steigung b bekannt sind.

2. LINEARE REGRESSION

Auf einer unteren Erarbeitungsstufe kann man im Unterricht die Gerade "per Augenmaß" in die Punktwolke legen lassen, so daß möglichst viele Punkte auf oder dicht bei der Geraden liegen. Aus der graphischen Darstellung der Geraden können dann das absolute Glied a (Schnittpunkt mit der y-Achse) und die Steigung b (Steigungsdreieck) abgelesen werden.

Strebt man eine mathematische Berechnung der Regressionsgeraden an, so muß man zunächst klären, was es bedeuten soll, wenn man sagt, die Regressionsgerade hat sich der Punktwolke "besonders gut" anzupassen. Bezeichnen wie den zu x_i tatsächlich gemessenen Wert mit y_i und den gemäß $y=a+bx$ für x_i theoretisch errechneten Wert mit $\hat{y}_i$, so sollte die Abweichung der theoretisch berechneten Werte $\hat{y}_i$ von den gemessenen Werten möglichst klein sein. Diese angestrebte Minimierung kann auf verschiedenen Wegen erfolgen. Wir nennen zwei Möglichkeiten:

a) Die Summe der absoluten Abweichungen, also die Summe $\sum_{i=1}^{n} |\hat{y}_i - y_i|$, soll minimiert werden.

b) Die Summe der Quadrate der Abweichungen der $\hat{y}_i$ von den y_i, also die Summe

$$\sum_{i=1}^{n} (\hat{y}_i - y_i)^2,$$ soll minimiert werden.

Zur Bestimmung der Regressionsgeraden ist die unter Punkt b genannte Möglichkeit die günstigste. Sie wird als "*Methode der kleinsten Quadrate*" bezeichnet und geht auf *Carl Friedrich Gauß* (1777-1855) zurück. Die Methode bestimmt eindeutig die Variablen a und b, legt also rechnerisch eindeutig die Regressionsgerade fest.

Hinweise:

1. Häufig spricht man bei der "Methode der kleinsten Quadrate" statt von Abweichungen auch von Abständen. Dann ist zu beachten, daß die "Abstände" der Meßpunkte *parallel* zur y-Achse genommen werden und nicht - wie man beim Wort Abstand meinen könnte - die Länge des Lotes vom gemessenen Punkt auf die Regressionsgerade.

2. Wählt man y als Einflußgröße (unabhängige Variable), so hat man analog zur Bestimmung der Geraden $x = c+dy$ die Abstände der Meßpunkte parallel zur x-Achse zu nehmen.

Sei also jetzt (x_i, y_i) das gemessene Paar, und sei das Paar $(x_i, \hat{y}_i)$ das Paar, das den Punkt auf der Regressionsgeraden kennzeichnet. Wir suchen die Gerade

VI. LINEARE REGRESSION UND KORRELATION

$y = a+bx$ zu bestimmen unter der Bedingung, daß $\sum_{i=1}^{n}(\hat{y}_i - y_i)^2$ minimal ist (siehe Abbildung). Da $\hat{y}_i = a+bx_i$ ist, folgt

$$\hat{y}_i - y_i = a + bx_i - y_i.$$

Für die Summe S der Quadrate erhalten wir

$$S(a,b) = \sum_{i=1}^{n}(\hat{y}_i - y_i)^2 = \sum_{i=1}^{n}(a+bx_i - y_i)^2.$$

Die zu minimierende Funktion S ist also eine Funktion zweier Variabler, nämlich der Variablen a und b. Die Lösung dieser Extremwertaufgabe übersteigt in der Regel den Stoffkanon des Gymnasiums. Mit Hilfe der Differentialrechnung zweier Variablen (Kriterium für Minima; man benötigt den Begriff der partiellen Ableitungen) kann man die Variablen a und b so bestimmen, daß S minimal wird. Man erhält die folgenden Ergebnisse:

- Der Punkt $(\bar{x},\bar{y})$ liegt stets auf der Regressionsgeraden. Hierbei ist $\bar{x}$ bzw. $\bar{y}$ das arithmetische Mittel der gemessenen Merkmalsausprägungen x_i bzw. y_i. Der Punkt $(\bar{x},\bar{y})$ heißt Schwerpunkt.
- Für den Wert b gilt:

$$b = \frac{\sum_{i=1}^{n} x_i y_i - n\bar{x}\bar{y}}{\sum_{i=1}^{n} x_i^2 - n\bar{x}^2}, \text{ falls } \sum_{i=1}^{n} x_i^2 - n\bar{x}^2 \neq 0.$$

- Mit Hilfe von $y = a + bx$ und dem Ergebnis unter dem ersten Punkt ergibt sich $a = \bar{y} - b\bar{x}$.
- Berücksichtigt man, daß für die empirische Varianz der x-Werte gilt

$$s_x^2 = \frac{1}{n-1}(\sum_{i=1}^{n} x_i^2 - n\bar{x}^2) \text{ für } n \geq 2,$$

und definiert man als empirische Kovarianz der x- und y- Werte den Ausdruck

$$s_{xy} := \frac{1}{n-1} \cdot \sum_{i=1}^{n}(x_i - \bar{x})\cdot(y_i - \bar{y}), \text{ so erhält man durch einige Umformungen}$$

für a und b, wenn die empirische Varianz $s_x^2 \neq 0$ ist:

$$b = \frac{s_{xy}}{s_x^2} \text{ und } a = \bar{y} - \frac{s_{xy}}{s_x^2}\bar{x}.$$

2. LINEARE REGRESSION

Beispiel 2:
Für Beispiel 1(Körpergröße, Körpergewicht S.114) erhalten wir:
- für den Schwerpunkt $(\bar{x},\bar{y})$ die Werte $\bar{x} \approx 179,3$ und $\bar{y} \approx 85,3$,
- für den Regressionskoeffizienten b den Wert $b \approx 0,25$ und für das absolute Glied a den Wert $a \approx 40,53$,
- für die Regressionsgerade $y = a+bx$ die Gleichung $y = 40,53 + 0,25x$.

Anmerkungen und Ergänzungen:
1. Die Bestimmung der Variablen a und b der Regressionsgeraden erfolgt eindeutig und direkt aus den vorgegebenen Daten.
2. Ganz analog kommt man zu einer zweiten Regressionsgeraden $x = a+by$, wenn man y als Einflußgröße (unabhängige Variable) und x als Zielgröße (abhängige Variable) ansieht. Man kann zeigen, daß auch diese Regressionsgerade durch den Schwerpunkt $(\bar{x},\bar{y})$ geht.
3. Die Regressionsgeraden werden auch Ausgleichsgeraden genannt.
4. Befaßt man sich mit Zeitreihen (man beobachtet die Entwicklung einer Größe über längere Zeitspannen: Geburtenentwicklung, Produktionsentwicklung, Entwicklung der Zahl der Arbeitslosen etc.) kann die Regressionsgerade (Ausgleichsgerade) zur Beschreibung eines *Trends* herangezogen werden.
5. Bei der *Interpretation* der Regressionsgeraden ist Vorsicht geboten. Es ist zunächst zu beachten, daß sich die Regressionsgeraden immer bestimmen lassen, also auch dann, wenn die Punktwolke die Annahme eines *linearen* Zusammenhangs eigentlich verbietet. Bei der mathematischen Modellbildung dürfen die Schüler also nie die empirischen Daten aus dem Blick verlieren. Ferner ist auch beim mathematischen Umgang mit einer konkreten Regressionsgeraden Vorsicht geboten. Aus der Regressionsgeraden $y = 40,53+0,25x$ für das Beispiel 1 kann nicht geschlossen werden, daß sich das Körpergewicht y für eine vorgegebene Körpergröße x exakt nach der Gleichung $y = 40,53+0,25x$ berechnen läßt. Wenn das so wäre, hätten ja alle 1m großen Personen dasselbe Körpergewicht von 65,53 kg, und eine Person der Größe 0 cm hätte ein Gewicht von 40,53 kg. Man erkennt, daß diese Interpretation der Regressionsgeraden sinnlos und unzulässig ist. Ausgangspunkt für das Aufstellen der Regressionsgeraden waren gegebene Punktepaare aus einem bestimmten Bereich, z.B. Körpergrößen von 170 cm bis 188 cm. Nur für diesen Bereich kann die Regressionsgerade als zusammenfassende Beschreibung des Zusammenhangs zwischen den Größen X und Y angesehen werden. Die Regressionsgerade könnte eine andere Lage haben, wenn weitere Daten zur Verfügung stehen würden. Mit *Vorhersagen* muß man also sehr vorsichtig sein. Hier eröffnet sich für den Schulunterricht ein wichtiges Arbeitsfeld.

6. Die oben beschriebene Herleitung der Regressionsgeraden mit Hilfe von partiellen Ableitungen läßt sich im Unterricht kaum verwirklichen. Die Bestimmung der Regressionsgeraden $y = a+bx$ gestaltet sich aber einfacher, wenn man *voraussetzt*, daß der Schwerpunkt $(\bar{x},\bar{y})$ auf der Regressionsgeraden liegen soll. Man erhält dann eine Funktion *einer* Variablen, von der das Minimum zu bestimmen ist. Mit Hilfe der Punkt-Steigungs-Form einer Geraden gilt für die gesuchte Regressionsgerade durch den Punkt $(\bar{x},\bar{y})$ mit der Steigung b die Gleichung

$$y - \bar{y} = b(x - \bar{x}).$$

Auch hier soll wieder die Funktion S als Variable von b

$$S(b) = \sum_{i=1}^{n}(\hat{y}_i - y_i)^2 = \sum_{i=1}^{n}(b(x_i - \bar{x}) + \bar{y} - y_i)^2$$

minimiert werden. Da S jetzt eine Funktion nur *einer* Variablen (nämlich der Variablen b) ist, ist dieser Weg in der Sekundarstufe II gangbar. Die Voraussetzung, daß der Punkt $(\bar{x},\bar{y})$ auf der Geraden liegen soll, kann Schülern plausibel vermittelt werden, wenn man argumentiert, daß es naheliegt, die gesuchte Gerade durch *den* Punkt zu legen, der durch das arithmetische Mittel der x-Werte und das arithmetische Mittel der y-Werte festgelegt ist.

In der didaktischen Literatur werden zahlreiche Vorschläge gemacht, die lineare Regression und Korrelation auf Schulniveau zu behandeln. Zur ausführlichen Diskussion dieses Themenkreises müssen wir an dieser Stelle auf die Literatur verweisen. Hingewiesen sei insbesondere auf die «Kommentierte Bibliographie zum Thema "Regression und Korrelation"» von M.Borovcnik und G.König in: "Stochastik in der Schule", 1988, Heft 2, S.46-52. Weiter weisen wir hin auf: M.Borovcnik (1988a, 1988b), S.M. Goode/E.M. Gold (1988), W.R. Heilmann (1981), E.Hui (1988), R. Ineichen/Hj. Stocker (1992, a.a.O., S.22ff), F. Koßwig (1983, 1984), B.v.Pape/H.Wirths (1993,a.a.O.,S.108ff), H.-Chr. Reichel (1987, a.a.O., S.268f), H.D. Vohmann (1988), H. Wirths (1990), J.Wolf (1982).

3. Korrelation

Mit dem Aufstellen der Regressionsgeraden ist die einfache Beschreibung des linearen Zusammenhangs der Variablen X und Y erreicht. Das Beispiel 1 und seine weitere Bearbeitung in Beispiel 2 zeigen jedoch, daß die Beschreibung eine Vereinfachung mit Informationsverlust bedeutet. Wir hatten ein lineares Modell zugrundegelegt, und unter dieser Modellannahme ist die gefundene Geradengleichung die

3. KORRELATION

beste. Insgesamt kann aber das Sachproblem durch die Geradengleichung immer noch sehr schlecht beschrieben sein - denn die Geradengleichung kann ja immer bestimmt werden.

Wir suchen deshalb nach einem Maß der Korrelation, also nach einem Maß für die *Stärke (Güte)* des *linearen* Zusammenhangs der beiden Merkmale. Diese wird durch eine Zahl, den *Korrelationskoeffizienten*, beschrieben. Wir besprechen nur den **Korrelationskoeffizient nach Bravais-Pearson**.[1]

Um ein Maß für die Stärke des linearen Zusammenhangs zu finden, berücksichtigt man die Streuung der Punkte um die Regressionsgeraden. Genauer: Man vergleicht die Varianz der $\hat{y}_i$- Werte (auf der Regressionsgeraden) mit der Varianz der tatsächlichen y_i-Werte aus der Erhebung. Bei einem starken linearen Zusammenhang müßten beide Varianzen in etwa übereinstimmen.

Gegeben seien also n Datenpaare (x_1,y_1), (x_2,y_2), ..., (x_n,y_n).
Wir wissen, daß die Regressionsgerade $y = a + bx$ durch den Schwerpunkt $(\overline{x}, \overline{y})$

geht. Hierbei ist $\overline{x} = \frac{1}{n}\sum_{i=1}^{n} x_i$ und $\overline{y} = \frac{1}{n}\sum_{i=1}^{n} y_i$. Bezeichnen wir wieder die y-Werte auf der Regressionsgeraden mit $\hat{y}_i$, so gilt

$\hat{y}_i - \overline{y} = b(x_i - \overline{x})$,

(*) $\hat{y}_i = b(x_i - \overline{x}) + \overline{y} = bx_i - b\overline{x} + \overline{y}$.

Wir betrachten die Varianz $\frac{1}{n-1} \cdot \sum_{i=1}^{n}(\hat{y}_i - \overline{\hat{y}})^2$ der $\hat{y}_i$-Werte bezogen auf ihr arithmetisches Mittel $\overline{\hat{y}}$.

Bevor wir diese Varianz umformen, versuchen wir $\overline{\hat{y}}$ durch $\overline{y}$ auszudrücken. Es gilt gemäß (*):

---

[1] August Bravais (1811-1863), Karl Pearson (1857-1936).

$$\overline{\hat{y}} = \frac{1}{n}\sum_{i=1}^{n}(bx_i - b\overline{x} + \overline{y}), \text{ und es folgt}$$

$$\overline{\hat{y}} = \frac{1}{n}\cdot(\sum_{i=1}^{n}bx_i - n\cdot b\overline{x} - n\overline{y}),$$

$$\overline{\hat{y}} = \frac{1}{n}\cdot(\sum_{i=1}^{n}bx_i - nb\cdot\frac{1}{n}\sum_{i=1}^{n}x_i - n\overline{y}),$$

$$\overline{\hat{y}} = \frac{1}{n}\cdot n\overline{y},$$

$$\overline{\hat{y}} = \overline{y},$$

d.h. das arithmetische Mittel $\overline{y}$ der beobachteten Werte y_i ist gleich dem arithmetischen Mittel $\overline{\hat{y}}$ der mittels der Regressionsgeraden errechneten Werte $\hat{y}_i$. Mit diesem interessanten Ergebnis erhalten wir:

$$\frac{1}{n-1}\cdot\sum_{i=1}^{n}(\hat{y}_i - \overline{\hat{y}})^2 = \frac{1}{n-1}\sum_{i=1}^{n}(\hat{y}_i - \overline{y})^2$$

$$= \frac{1}{n-1}\sum_{i=1}^{n}(bx_i - b\overline{x} + \overline{y} - \overline{y})^2$$

$$= \frac{b^2}{n-1}\sum_{i=1}^{n}(x_i - \overline{x})^2$$

$$= b^2 \cdot s_x^2$$

Hierbei bedeutet s_x^2 die empirische Varianz der x-Werte.

Berücksichtigen wir, daß gemäß Abschnitt 2 für die empirische Kovarianz s_{xy} der x- und y-Werte die Beziehung $s_{xy} = b\cdot s_x^2$ gilt, so folgt

$$\frac{1}{n-1}\sum_{i=1}^{n}(\hat{y}_i - \overline{\hat{y}})^2 = b^2\cdot s_x^2 = \frac{s_{xy}^2 \cdot s_x^2}{s_x^4} = \frac{s_{xy}^2}{s_x^2}.$$

Diese Varianz vergleichen wir mit der Varianz der y-Werte. Wir bezeichnen letztere analog mit s_y^2. Wir berechnen den Quotienten und erhalten:

3. KORRELATION 121

$$\frac{s_{xy}^2}{s_x^2} : s_y^2 = \frac{s_{xy}^2}{s_x^2 \cdot s_y^2}.$$

Diese Zahl ist ein Maß für die Stärke der linearen Abhängigkeit der beiden Verteilungen.

Definition:

Die Zahl $r := \dfrac{s_{xy}}{s_x \cdot s_y}$ mit $s_x \neq 0$ und $s_y \neq 0$

heißt der **Korrelationskoeffizient nach Bravais-Pearson**.

Durch Einsetzten der Werte für s_{xy}, s_x und s_y erhalten wir

$$r = \frac{\dfrac{1}{n-1} \sum_{i=1}^{n} (x_i - \overline{x}) \cdot (y_i - \overline{y})}{\sqrt{\dfrac{1}{n-1} \cdot \sum_{i=1}^{n} (x_i - \overline{x})^2} \cdot \sqrt{\dfrac{1}{n-1} \cdot \sum_{i=1}^{n} (y_i - \overline{y})^2}}.$$

Der Zähler s_{xy} bestimmt das Vorzeichen von r. Ist beispielsweise x_i größer (bzw. kleiner) als das arithmetische Mittel $\overline{x}$, und ist y_i größer (bzw. kleiner) als das arithmetische Mittel $\overline{y}$, dann sind die Abweichungen $(x_i - \overline{x})$ und $(y_i - \overline{y})$ beide positiv (bzw. negativ), und folglich ist ihr Produkt $(x_i - \overline{x})(y_i - \overline{y})$ positiv. In den anderen Fällen, wenn also die Abweichungen $(x_i - \overline{x})$ und $(y_i - \overline{y})$ entgegengesetzte Vorzeichen haben, ist das Produkt $(x_i - \overline{x})(y_i - \overline{y})$ negativ. Die Zahl r ist also dann positiv, wenn die positiven Werte der Produkte $(x_i - \overline{x})(y_i - \overline{y})$ in den n Meßwerten überwiegen.

Man kann zeigen, daß stets gilt:

$$-1 \leq r \leq +1.$$

Dieser Nachweis ist besonders einfach, wenn man Begriffe und Hilfsmittel der Linearen Algebra einsetzt. (Man betrachtet die Vektoren $(x_1 - \overline{x}, x_2 - \overline{x}, ..., x_n - \overline{x})$ und $(y_1 - \overline{y}, y_2 - \overline{y}, ..., y_n - \overline{y})$ und das Standardskalarprodukt im $\mathbb{R}^n$. Vergleiche auch H.Scheid (1986, a.a.O., S.46ff.).

Die Meßdaten $(x_1, y_1), (x_2, y_2), ..., (x_n, y_n)$ liegen genau dann auf einer Geraden, wenn der zugehörige Korrelationskoeffizient r gleich 1 oder gleich -1 ist. Wie wir schon früher bemerkten wird das bei realen Daten wohl nie eintreten.

VI. LINEARE REGRESSION UND KORRELATION

Zur Interpretation des Korrelationskoeffizienten r ist folgende *Sprechweise* geeignet:

r	Korrelation
0	keine (lineare) Korrelation; es kann andere Zusammenhänge geben
1	perfekte Korrelation; steigende Werte der unabhängigen Variablen entsprechen steigenden Werten der abhängigen Variablen
−1	perfekte Korrelation, allerdings negative lineare Abhängigkeit; steigende Werte der unabhängigen Variablen entsprechen fallenden Werten der abhängigen Variablen
0 bis 0,5	schwache (positive) Korrelation
0,8 bis 1	starke Korrelation
0 bis −0,5	schwache (negative) Korrelation

Eine quantitative Interpretation ist grundsätzlich schwierig. Denn bei einer Korrelation von 0,95 wissen wir ohne Kenntnis des Scatterdiagramms oder der Regressionsgeraden nicht, ob die "Zunahme" steil oder flach verläuft (Steigung!).

Beispiel 3:
Fortführung von Beispiel 1 und Beispiel 2 (Körpergröße/Körpergewicht):
Für den Korrelationskoeffizienten r ergibt sich

$$r \approx \frac{27,25}{5,84 \cdot 8,69} \approx 0,54$$

(schwache Korrelation).

Anmerkungen und Ergänzungen:
1. Zur Berechnung des Bravais-Pearsonschen Korrelationskoeffizienten r sind metrisch intervallskalierte Merkmale vorausgesetzt.
2. Der Korrelationskoeffizient r ist nur auf lineare Zusammenhänge bezogen. Das macht auch seine Herleitung deutlich.
3. Beim Korrelationskoeffizienten r nach Bravais-Pearson wird nicht zwischen Einflußgröße (unabhängiger Variable) und Zielgröße (abhängiger Variable) unterschieden. Man schaue sich unter diesem Aspekt noch einmal die Definition von r an!
4. Der Korrelationskoeffizient nach Bravais-Pearson ist das geometrische Mittel der Steigungen der beiden Regressionsgeraden.
5. Der Korrelationskoeffizient r nach Bravais-Pearson ist nicht definiert, wenn die empirische Standardabweichung s_x oder s_y gleich Null ist.

# 3. KORRELATION

6. Das Vorzeichen des Korrelationskoeffizienten r nach Bravais-Pearson drückt die Richtung des linearen Zusammenhangs aus, der absolute Betrag von r drückt die Stärke des linearen Zusammenhangs aus.
7. Bei der *Interpretation* ist äußerste Vorsicht geboten. Der lineare funktionale Zusammenhang zwischen den zwei Größen ist eine mathematische Modellbeschreibung eines Sachproblems, nicht mehr. Scatterdiagramm und Regressionsgerade sagen nichts aus über die Stärke des Zusammenhangs. Das macht der Korrelationskoeffizient. Aber auch bei einer starken Korrelation darf daraus nicht auf eine kausale Abhängigkeit der zwei Größen geschlossen werden. Der Nachweis einer kausalen Beziehung kann nicht aus dem mathematischen Modell gefolgert werden, sondern nur aus der Sache selbst. Es ist ein Sachproblem. Ein Beispiel kann dieses verdeutlichen: In schwedischen Landkreisen beobachtete man eine Abnahme der Störche und gleichzeitig eine Abnahme der Geburten. Ein kausaler Zusammenhang ist aber trotz hoher Korrelation auszuschließen. Das ist das "klassische" Beispiel einer "*nonsense*" Korrelation. Perfekte Korrelation sagt nur, daß sich Daten zweier Größen (linear) gleichzeitig verändern, aber nicht, daß sie ursächlich miteinander gekoppelt sind. W.Krämer (1992, a.a.O., S.145) nennt ein anderes interessantes Beispiel: In den 60er und 70er Jahren unseres Jahrhunderts hat man "eine erstaunliche negative Korrelation zwischen Rocklänge in der Damenwelt und dem Dow-Jones-Aktienindex festgestellt, wofür wohl nur der Zufall als Erklärung bleibt." Neben den sinnlosen Korrelationen gibt es auch noch die "*scheinbaren*" Korrelationen zwischen zwei Datenmengen, bei der die Korrelation nur mittelbar (also indirekt) über eine dritte Variable gegeben ist. So glauben z.B. auch einige Forscher nicht ausschließen zu können, daß die "unsinnige" Korrelation "Störche/Geburten" in Wirklichkeit vielleicht doch eine "scheinbare" Korrelation ist, indem nämlich ein drittes Merkmal "zunehmende Industrialisierung" sowohl die Abnahme der Störche als auch die Abnahme der Geburten bedingt.

VII. Fehler und Manipulationsmöglichkeiten

1. Einführung

Nach *F. Ferschel* ist Statistik das Bestreben, die Dinge so zu sehen, wie sie wirklich sind. Das scheint nicht ganz einfach zu sein, denn die Statistik hat einen schlechten Ruf, der zum Teil auch auf einem Mißbrauch der Statistik beruht.

Um Fehler und Manipulationsmöglichkeiten erkennen zu können, müssen dem Beurteiler einer Statistik Kenntnisse der Begriffe und Methoden der beschreibenden Statistik in hinreichendem Umfang zur Verfügung stehen. Diese haben wir in den vorhergehenden Kapiteln III bis VI in einem Umfang dargestellt, wie er für einen Unterricht in der Sekundarstufe I möglich und mit geringen Abstrichen auch notwendig ist. Mit diesen Kenntnissen wird der Schüler in die Lage versetzt, Fehler und Manipulationen in Statistiken zu erkennen. Auf einige Manipulations- und Fehlermöglichkeiten haben wir schon bei der Erarbeitung des jeweiligen Themenkreises aufmerksam gemacht:

• Fehlende Sachinformationen bei Tabellen und Graphiken, um sachgerechte Interpretationen durchführen zu können.
• Unkritisches, formales Anwenden von Rechenoperationen auf Daten von Rangmerkmalen.
• "Falsche" Wahl des Mittelwertes hinsichtlich der Merkmalsart oder hinsichtlich des Sachproblems.
• Angabe eines Lageparameters ohne gleichzeitige Angabe eines Streuungsparameters.
• Nichtberücksichtigen von "Ausreißern", ohne dieses anzumerken oder zu begründen.
• Erstellen falscher Graphiken.
• Einteilung der Daten in nicht geeignete, d.h. nicht sachorientierte Klassen.
• Fehlinterpretation der Daten und ihrer Kennzahlen.
• Fehlinterpretation des Zusammenhangs von bivariaten Daten.

In diesem Kapitel wollen wir anhand von Beispielen nochmals den Blick zur Entdeckung von Fehlern und Manipulationen schärfen. Dieser für den Schulunterricht wichtige Themenkreis ist nahezu unerschöpflich, da die Fehler- und Manipulationsmöglichkeiten ebenfalls nahezu unerschöpflich zu sein scheinen. Wir verweisen deshalb vorab auf weiterführende Literatur, die vornehmlich diesen Themenkreis behandelt:

Abels,H./Degen,H.: Handbuch des statistischen Schaubilds. Konstruktion, Interpretation und Manipulation von graphischen Darstellungen. Herne-Berlin 1981.
Huff, D.: How to lie with Statistics? New York 1954.
Krämer, W.: So lügt man mit Statistik. Frankfurt- New York 1991^2.
Wagemann, E.: Narrenspiegel der Statistik. Hamburg 1935.

2. Fehler und Manipulationsmöglichkeiten

Da es in der Statistik um die Erhebung, Aufbereitung und Interpretation von Daten geht, können auf *jeder* dieser Stufen Fehler gemacht werden.

2.1 FEHLER BEI DER ERHEBUNG DER DATEN

Fehler und Manipulationen können bei der Planung und Durchführung der Datenerhebung gemacht werden. Einige der häufig vorkommenden listen wir im folgenden auf:

- Eine Befragung kann durch Eingrenzung auf einen ungeeigneten Personenkreis für das Sachproblem nicht repräsentativ sein.
- Eine schriftliche Befragung kann durch einen zu geringen Rücklauf den repräsentativen Charakter verloren haben und wird trotzdem unter der alten Fragestellung ausgewertet.
- Unklare und unpräzise Fragen können dazu führen, daß bei der Beantwortung Unsicherheiten entstehen und gegebenenfalls die Fragen nicht korrekt beantwortet werden.
- Wird eine Befragung durch einen Interviewer durchgeführt, so können im Interview auch falsche Informationen oder subjektive Einstellungen durch den Interviewer übermittelt werden, die wiederum zu falschen Angaben der Befragten führen können.
- Die Befragten der statistischen Masse sagen unbewußt (oder bewußt) die Unwahrheit. Diese Gefahr besteht besonders dann, wenn die Frage im Zusammenhang mit Persönlichkeitsmerkmalen oder persönlichen Werthaltungen stehen (z.B. Angaben zum Einkommen, Angaben zur Religionszugehörigkeit, Angaben zur Einstellung zu politischen Systemen in Vergangenheit und Gegenwart). Angst vor persönlichen Nachteilen bei wahrheitsgemäßen Antworten oder auch nur eine gewissen Arroganz oder Eitelkeit führen dann häufig zu falschen Antworten.
- Es können Doppel- oder Mehrfachzählungen vorgekommen sein, ohne daß es bemerkt wurde.
- Fehlerhafte Urlisten können auch durch reine Ablese-, Übertragungs- oder Schreibfehler entstehen.

Diese Fehler bei der Gewinnung der Daten kann ein Konsument der Statistik, dem die Daten vorgegeben werden, nicht ohne weiteres erkennen. Unwahre bzw. unkorrekte Angaben des Befragten sind sehr schwer zu identifizieren. Nicht geeignete oder falsche Methoden der Datengewinnung können auch nur festgestellt werden, wenn die Art der Datenerhebung bekannt ist. Die hier angesprochenen Schwierigkeiten werden den Schülern aber bewußt, wenn sie selbst eine Erhebung durchführen und anschließend über Fehler- und Manipulationsmöglichkeiten diskutieren. Sie werden dadurch sensibel für kritische Fragehaltungen gegenüber vorgegebenen Statistiken.

VII. FEHLER UND MANIPULATIONEN

Geht man in der Schule von vorgegebenen Daten aus, und das wird häufig der Fall sein, dann sind die vorgegebenen Daten als korrekt anzusehen, solange bei kritischer Einstellung kein Verdacht auf Fehler oder Manipulationen vorliegt. Aus diesen Überlegungen ergibt sich, daß im Mittelpunkt der schulischen Arbeit Fehler und Manipulationen bei der *Aufbereitung* und *Interpretation* der Daten liegen

2.2 FEHLER UND MANIPULATIONEN BEI DER AUFBEREITUNG UND INTERPRETATION DER DATEN

Das Spektrum der Fehler und Manipulationen bei der Aufbereitung und Interpretation ist sehr weit ,da sich in jeder Phase der Aufbereitung Möglichkeiten des Irrtums und der Täuschung ergeben und auch gegebenenfalls bewußt genutzt werden. Deshalb sollten im Schulunterricht solche Manipulations- und Fehlermöglichkeiten nicht nur besprochen, sondern auch aktiv gestaltend genutzt werden. Der Schüler kann so am besten das Ausmaß der Täuschung und Irreführung erkennen. Im Rahmen dieser Darstellung können wir nur auf einige, aber durchaus typische Manipulations- und Fehlermöglichkeiten eingehen.

1. Beim Erstellen der Urliste werden *extreme Daten* (sog. Ausreißer) *ohne Hinweis weggelassen*. Das Weglassen von Daten kann natürlich auch sinnvoll sein, wenn z.b. ein begründeter Verdacht besteht, daß diese Daten falsch erhoben worden sind (z.b. durch fehlerhafte Messung). Sowohl das Weglassen von Daten als auch die Gründe, die zur Nichtaufnahme der Daten in die Urliste führten, müssen aber angegeben werden.
An einfachen Beispielen können Schüler nachvollziehen, wie die Nichtberücksichtigung von Ausreißern z.b. das arithmetische Mittel und die Standardabweichung nachhaltig verändern. Im Beispiel auf S.100 hatten wir die monatlichen Einkommen von 9 Personen mit 1600 DM, 1700 DM, 1500 DM, 2000 DM, 2100 DM, 1800 DM, 1900 DM, 1650 DM und 7000 DM angegeben und 7000 DM als Ausreißer bezeichnet. Als arithmetisches Mittel $\bar{x}$ der 9 Daten ergibt sich $\bar{x} = 2361,11$ DM. Läßt man die 7000 DM weg, so erhält man als $\bar{x}$ den Wert $\bar{x} = 1781,25$ DM. Ohne Berücksichtigung des Sachumfeldes kann nicht entschieden werden, welcher der beiden Mittelwerte der angemessenere ist.

2. Bei der Einteilung der Daten in Klassen (Gruppierung von Daten, Klasseneinteilung) kann die *Wahl der Klassen* Einfluß auf die Beschreibung der Datenmenge nehmen. Beispiel 4 (Gehaltsstatistik, S.84f) zeigt, wie sich z.b. das arithmetische Mittel durch unterschiedliche Klasseneinteilungen wesentlich verändert. Man kann also durch geschickte Wahl der Klassen unter Umständen günstigere Ergebnisse für die Interpretation der Daten erzielen.

2.2 FEHLER BEI DER AUFBEREITUNG DER DATEN 127

Auch die graphischen Darstellungen unterschiedlicher Klasseneinteilungen derselben statistischen Masse würden unter Umständen unterschiedliche Eindrücke von den Daten übermitteln.

3. Die *Wahl des angegebenen Mittelwertes* zur Charakterisierung der Daten kann für das Sachproblem nicht angemessen sein. Wir verweisen:
   - Auf Punkt 3 der "Ergänzungen und Hinweise", S. 29 (Notenskala),
   - auf Beispiel 5 "Bevölkerungsentwicklung", S.85f, und auf Beispiel 6 "Wachstum des Bruttosozialprodukts", S.87f,
   - auf Beispiel 7 " Durchschnittsgeschwindigkeit", S.90f, und auf Beispiel 8 "Durchschnittspreis", S. 91,
   - auf Beispiel 10 "Standortproblem", S.96f,
   - auf Beispiel 12 "Kundeneinzugsbereich", S.101,
   - auf Abschnitt 2.8 im Kapitel V "Mittelwerte im Überblick und Vergleich", S.98-101.

   In diesen Beispielen und Ausführungen wird jeweils begründet, warum ein bestimmter Mittelwert für ein vorgegebenes Sachproblem jeweils geeigneter ist als ein anderer Mittelwert.

4. *Anteilsangaben*, speziell relative Häufigkeiten und Angaben in %, sind griffige und vertraute Angaben. Sie verlieren aber ihren Sinn, wenn die *Bezugsgröße nicht angegeben* ist.
   4.1 Die folgende Zeitungsmeldung ist nicht aussagekräftig.

Katholikenzahl in China in 30 Jahren verdoppelt

BONN (dpa)

In der Volksrepublik China gibt es heute schätzungsweise doppelt so viele Katholiken wie im Jahre 1949 beim Sieg Mao Tsetungs und dem damit verbundenen Verbot des religiösen Lebens in China. Über diese Schätzung berichtete jetzt Franziskanerpater Paul Pang vor Vertretern der Missionszentrale der Franziskaner in Bonn nach einer Besuchsreise durch China.

(Entnommen: Westfälische Nachrichten, Nr.281, 4.12.1980)

Es wird wohl das Vergleichsjahr genannt, nicht aber die notwendige Bezugsgröße, nämlich die Anzahl der Katholiken im Jahre 1949, als Vergleichszahl.

4.2 In der folgenden Zeitungsmeldung ist die Anteilsangabe (bewußt oder unbewußt) einprägsam so weit reduziert worden, daß (gewollt oder ungewollt) ein falscher Eindruck des Befragungsergebnisses übermittelt wird. Die Formulierung "mehr als vier von fünf Befragten" signalisiert "alle Befragten". Es könnten natürlich auch nur 81% gewesen sein, nämlich mehr als 80 %.

> **Düsseldorf (lnw).** Die Bereitschaft der Arbeitnehmer, bei Freizeitausgleich und Lohnzuschlag mehr Schicht- und Samstagsarbeit zu leisten, ist höher als bisher angenommen. Zu diesem Ergebnis kommt eine repräsentative Studie des Münchener Sozialforschungsinstituts Polis, die NRW-Wirtschaftsminister Einert gestern in Düsseldorf vorgestellt hat. Danach sehen mehr als vier von fünf Befragten in Nordrhein-Westfalen flexiblere Arbeitszeiten und längere Maschinenlaufzeiten als ein Mittel, um die wirtschaftliche Krise zu meistern.

(Entnommen: Westfälische Nachrichten, Nr.201, 31. August 1993)

4.3 Die Überschrift des folgenden Berichts kann zu "voreiligen Schlüssen" führen. Der Bericht selbst (siehe die Auszüge) korrigiert dann die reißerische Überschrift.

Lebensdauer seit 1730 verdreifacht

Einige Zahlen fallen sofort auf: Betrug die mittlere Lebenserwartung vor 250 Jahren nur 25 bis 30 Jahre, so können wir heute mit nahezu der dreifachen Lebensdauer rechnen. Vor allzu voreiligen Schlüssen muß man jedoch warnen. Was heißt „mittlere Lebensdauer"?

Sieht man sich die Zahlen näher an – in Tabellen und Graphiken dargestellt –, so ergibt sich ein anderes Bild. Das Hauptproblem unserer Vorfahren war es, die ersten Jahre nach der Geburt lebend zu überstehen. Danach hatte ein Dreißigjähriger noch weitere 25 Lebensjahre vor sich. Es war also die hohe Säuglingssterblichkeit, die die Statistik der Lebenserwartung auf einen niedrigen Wert drückte. Die Entwicklung der Hygiene, insbesondere im und um das Wochenbett, hat dies entscheidend geändert.

(Entnommen: Welt am Sonntag, Nr. 14, 4. April 1982)

2.2 FEHLER BEI DER AUFBEREITUNG DER DATEN

4.4 Das folgende Beispiel zeigt wiederum sehr schön, wie man je nach Wahl der Bezugsgröße zu sehr unterschiedlichen Aussagen gelangen kann.

7. Warum lügen Statistiken?

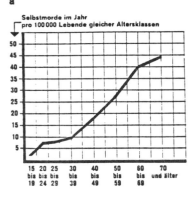

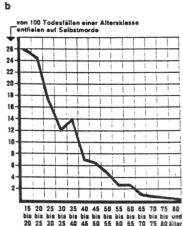

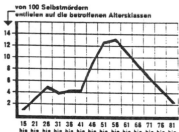

So »lügt« man mit Statistik.
Erste »statistisch bewiesene Feststellung«: Selbstmorde nehmen mit wachsendem Alter zu. Der Kurvenverlauf der Graphik zeigt deutlich, daß die Zahl der Selbstmörder pro Jahr und Altersklasse kontinuierlich ansteigt und in der Altersgruppe »70 und älter« mehr als das Zehnfache der Teenager-Gruppe beträgt.
Zweite »statistisch bewiesene Feststellung«: Selbstmorde erreichen im mittleren Lebensalter einen Gipfel, sind unter Jungen und ganz Alten hingegen selten. Der Kurvenverlauf der Graphik zeigt deutlich, daß von je 100 Selbstmördern rund ein Viertel allein auf das Altersjahrzehnt vom 51. zum 60. Lebensjahr entfällt, auf die Siebzigjährigen (71–80) dagegen nur etwa 10 Prozent, auf die Gruppe 21–30 Jahre nur 8 Prozent.
Dritte »statistisch bewiesene Feststellung«: Selbstmord ist eine Krankheit der Jugend und nimmt mit wachsendem Alter an Bedeutung immer mehr ab. Der Kurvenverlauf der Graphik zeigt deutlich, daß der Anteil der Selbstmörder an den gesamten Todesfällen einer Altersklasse von 25 Prozent unter den jungen Menschen (15–25 Jahre) auf weniger als ein Prozent absinkt, sobald man sich dem 70. Lebensjahr nähert.

Je nach Wahl der Bezugsgröße – a) pro Lebende der gleichen Altersklasse, b) pro Gesamtzahl der Selbstmörder, c) pro Todesfälle der gleichen Altersklasse – ergibt sich also ein völlig verschiedenes Bild. Unsere drei Graphiken beziehen sich zwar auf drei verschiedene Länder und auf verschiedene Zeiträume, sind also nicht in den Einzelheiten vergleichbar, wohl aber – und das ist hier wichtig – im charakteristischen Kurvenverlauf. (Die erste Graphik bezieht sich auf männliche Selbstmörder in England und Wales 1956, die zweite auf männliche Selbstmörder in Hamburg 1945–1958, die dritte auf Selbstmorde in Wien 1963.)

(Entnommen: Swoboda, R.: Knaurs Buch der modernen Statistik. München - Zürich 1971, S.216)

4.5 In einem weiteren **Beispiel** "Der große Lohn-Vorsprung" zeigen wir etwas ausführlicher wie man je nach Wahl der Bezugsgrößen in der Öffentlichkeit eine bestimmte Sichtweise erzeugen und verbreiten kann. (Entnommen: Kütting, H.: Der große Lohnvorsprung oder Lohnquoten im Zerrspiegel der Darstellung. (In: Der Mathematikunterricht, MU, 6, 1990, S. 36-40)

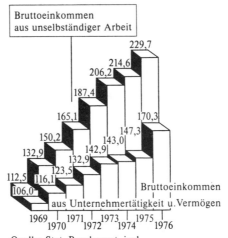

Der Text auf der Graphik übermittelt die Botschaft, daß in den letzten acht Jahren die Löhne wesentlich stärker gestiegen sind als die Einkommen aus Unternehmertätigkeit und Vermögen.

Es könnte sich um Argumente aus Tarifverhandlungen handeln. In der Graphik werden aber jeweils nur Bruttoeinkommen dargestellt. Es treten also sofort Fragen auf: Was bedeutet Lohn? Was sind Einkommen aus Unternehmertätigkeit? Was bedeutet »Index 1968=100«? Sind die angegebenen Zahlen Indexzahlen? Warum sind die Bruttoeinkommen nicht in laufenden Werten (in Milliarden DM) angegeben?

Was bedeutet das angegebene Basisjahr 1968? Gibt es auch einen Lohnvorsprung bei Nettoeinkommen? Und schließlich: Wie bekommt man diese Daten? (Kontrollmöglichkeit.)

2.2 FEHLER BEI DER AUFBEREITUNG DER DATEN 131

Hat man sich auf dieses Sachproblem »Der große Lohnvorsprung« einmal eingelassen, so stößt man unweigerlich auf weitere Begriffe. So ging es mir, als bei Berichten über Tarifverhandlungen im Fernsehen plötzlich von Lohnquoten die Rede war. Gibt es auch dort einen Lohnvorsprung?

Im folgenden geben wir zunächst notwendige Sachinformationen und deuten dann mögliche Manipulationen zu diesem Problemkomplex an.

Das Bezugsjahr (Basisjahr) 1968 ist frei gewählt. Ein anderes Bezugsjahr könnte zu anderen Zahlen führen. Die in der Graphik angegebenen Zahlen sind keine Indexzahlen, sondern dimensionslose Meßzahlen, die so bestimmt werden:

$$\frac{\text{Bruttoeinkommen Jahr n}}{\text{Bruttoeinkommen Jahr 1968}} \cdot 100 \ \hat{=} \ \text{Meßzahl für Jahr n}.$$

Die Bruttoeinkommen und Nettoeinkommen habe ich dem Statistischen Jahrbuch für die Bundesrepublik Deutschland (1977 und 1979) entnommen:

Tabelle 1: Verteilung des Volkseinkommens/Lohnquoten

	1968 Mrd DM	1969 Mrd DM	1970 Mrd DM	1971 Mrd DM	1972 Mrd DM	1973 Mrd DM	1974 Mrd DM	1975 Mrd DM	1976 Mrd DM
Einkommen aus unselbständiger Arbeit	271,9	305,9	361,3	408,3	448,8	509,5	560,6	583,6	626,4
--Brutto-Lohnquote für Arbeitnehmer	64,8 %	65,1 %	67,8 %	69,1 %	69,5 %	70,7 %	72,6 %	72,4 %	71,6 %
Einkommen aus Unternehmertätigkeit	148,0	156,9	171,8	182,8	196,7	211,4	211,8	222,0	248,4
	(35,2%)	(33,9%)	(32,2%)	(30,9%)	(30,5%)	(29,3%)	(27,4%)	(27,6%)	(28,4%)
Volkseinkommen	419,9	462,8	533,1	591,1	645,5	720,9	772,4	805,6	874,8

Nach Abzug von Steuern und Sozialausgaben ergibt sich das Netto-Einkommen:

	1968	1969	1970	1971	1972	1973	1974	1975	1976
Netto-Löhne/ -Gehälter	186,9	206,1	236,9	261,6	285,8	311,4	335,8	347,9	361,3
--Netto-Lohnquote	61,5 %	62,9 %	62,9 %	63,9 %	64,2 %	65,4 %	67,0 %	66,2 %	64,9 %
Netto-Einkommen aus Unternehmertätigkeit	117,0	121,6	139,8	148,0	159,6	164,8	165,2	177,4	194,8
Gesamt-Netto-Einkommen	303,9	327,7	376,7	409,6	445,4	476,2	501,0	525,3	556,1

VII. FEHLER UND MANIPULATIONEN

Das *Volkseinkommen* setzt sich aus den zwei Sektoren »*Einkommen aus unselbständiger Arbeit*« (Löhne und Gehälter, tatsächliche Arbeitgeberbeiträge zur Sozialversicherung, an Lebensversicherungsunternehmen und an Pensionskassen, ferner Sozialbeiträge an die Arbeitgeber) und »*Einkommen aus Unternehmertätigkeit und Vermögen*« (Gewinne, Zinsen, Mieten) zusammen.
Aus den Anteilen der beiden Einkommensarten am jeweiligen Gesamteinkommen (Volkseinkommen bzw. Gesamt-Netto-Einkommen) lassen sich Rückschlüsse auf die Einkommensverteilung zwischen Arbeitnehmern und selbständigen Unternehmern ziehen. Diese Entwicklung kann im Zeitverlauf verfolgt werden. Dabei werden die Anteile als *Lohnquoten* bezeichnet und in % angegeben (siehe Tabelle 1).
Es gilt z.B.:

$$\text{Brutto-Lohnquote für Arbeitnehmer} = \frac{\text{Brutto - Einkommen aus unselbständiger Arbeit}}{\text{Volkseinkommen}} \cdot 100.$$

Betrachtet man die Entwicklung der Lohnquoten, so sieht der Lohnvorsprung ganz anders als in der Ausgangsgraphik aus: Die Tabelle 1 zeigt, daß die Bruttolohnquoten der Arbeitnehmer von 1968 bis 1974 ständig zugenommen haben (insgesamt um 7,8%), die aus Unternehmertätigkeit und Vermögen dagegen abgenommen haben! 1975 und 1976 kehrten sich die Verhältnisse aber geringfügig um. So nahmen die Bruttolohnquoten ab! Mit diesen neuen Begriffen der Lohnquoten und Einkommensquoten (diese sind analog den Lohnquoten definiert) kann man also den großen Lohnvorsprung noch besser illustrieren. Noch drastischer wird der große Lohnvorsprung, wenn man nur die Bruttolohnquoten von 1968 bis 1974 zum "Beleg" heranzieht.

Leicht verleiten solche Analysen zu Fehlinterpretationen. Eine Interpretation ist aber ohne weitere Informationen äußerst schwierig oder gar unmöglich,
- denn häufig treten beide Einkommensarten bei einem und demselben Einkommensbezieher auf,
- denn zu den Arbeitnehmern zählen auch die Generaldirektoren, die ein Vielfaches von dem Gehalt der ungelernten Arbeiter beziehen,
- denn im Sektor der Gewinne sind sowohl die Gewinne von Ärzten als auch die von kleinen Zeitungshändlern im Kiosk enthalten,
- denn der Anstieg der Lohnquote kann sehr unterschiedliche Ursachen haben. Wenn z.B. die Zahl der Unternehmer (Selbständigen) zurückgeht und die Zahl der Unselbständigen an der Gesamtzahl der Erwerbstätigen zunimmt, dann wird sich der Anteil der Löhne und Gehälter am Volkseinkommen erhöhen müssen (steigende Lohnquote) auch ohne Änderung der Einkommensunterschiede zwischen Arbeitnehmern und Selbständigen. In der Tat stieg in der Zeit von 1968 bis 1974 der Anteil der Arbeitnehmer an allen Erwerbstätigen von 81,6% auf 84,5% kontinuierlich an (vgl. Tabelle 2). Es muß also gefolgert werden, daß ein Teil der Lohnquotenerhöhung in diesem Sachverhalt seine Ursache hat.
Will man den zuletzt genannten Störfaktor »Veränderung in der Erwerbstätigenstruktur« ausklammern, dann muß man sogenannte *bereinigte Lohnquoten* berechnen. Man bezieht die jeweiligen Lohnquoten stets auf den Anteil der Erwerbstätigen

2.2 FEHLER BEI DER AUFBEREITUNG DER DATEN 133

eines fest gewählten Ausgangsjahres. In unserem Fall wählen wir als Ausgangsjahr das Jahr 1968. In diesem Jahr betrug der Arbeitnehmeranteil 81,6%. Da 1969 der Arbeitnehmeranteil (die Arbeitnehmerquote) 82,5% betrug, erhält man für die bereinigte Bruttolohnquote der Arbeitnehmer für das Jahr 1969 den Wert:

$$66,1\% \cdot \frac{81,6\%}{82,5\%} = 65,4\%.$$

Die bereinigten Lohnquoten sind also die Lohnquoten, die sich ergeben würden, wenn das zahlenmäßige Verhältnis zwischen selbständig und unselbständig Erwerbstätigen so geblieben wäre wie 1968.

Die nachfolgende Tabelle 2 gibt die bereinigten Brutto- und Nettolohnquoten (bezogen auf das Jahr 1968) für die Jahre 1968 bis 1974 an.

Tabelle 2: Bereinigte Lohnquoten

	Arbeitnehmeranteil	bereinigte Bruttolohnquote	bereinigte Nettolohnquote
1968	81,6 %	64,8 %	61,5 %
1969	82,5 %	65,4 %	62,2 %
1970	83,4 %	66,3 %	61,5 %
1971	83,9 %	67,2 %	62,1 %
1972	84,2 %	67,3 %	62,2 %
1973	84,5 %	68,2 %	63,1 %
1974	84,5 %	70,1 %	64,7 %

Wieder zeigt sich ein anderes Bild. Der Anstieg der bereinigten Lohnquoten ist also viel geringer: Er beträgt bei den bereinigten Bruttolohnquoten nur noch insgesamt 5,3% (statt unbereinigt 7,8%), und bei den bereinigten Nettolohnquoten beträgt der Anstieg nur noch 3,2% (statt unbereinigt 5,5%).
In der folgenden linken Graphik sind die Bruttolohnquoten und die bereinigten Bruttolohnquoten dargestellt, in der rechten Graphik die sich daraus ergebenden entsprechenden Bruttoeinkommensquoten. Ein Vergleich beider Graphiken führt zu einem überraschenden Ergebnis: Links bei den Lohnquoten Anstieg, rechts bei den Einkommensquoten Abnahme.

VII. FEHLER UND MANIPULATIONEN

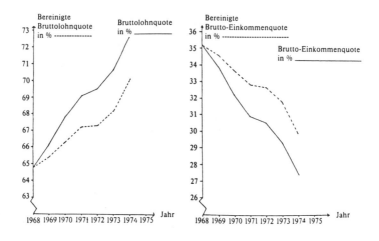

Reflexion:

Die bereinigten Lohnquoten haben wir nur für einen eingeschränkten Zeitraum betrachtet, nämlich von 1968-1974. Das ergibt dann einen klaren Trend, ebenso wie schon bei den Bruttolohnquoten.

Je nach Zugrundelegung einer bestimmten Lohnquotenart (Brutto-, Netto-, bereinigte-, unbereinigte Lohnquotenart) und je nach Festlegung des Bezugsjahres für die bereinigten Lohnquoten kann man also in der Öffentlichkeit eine bestimmte Sichtweise erzeugen, verbreiten und manipulieren. Je nach Absicht könnte man also undifferenziert den Lohnquotenanstieg von 1968 bis 1974 mit 7,8% oder mit 3,2% angeben. Ein nicht sachkundiger Bürger müßte diese Zahlen kritiklos hinnehmen. Auch die bereinigten Lohnquoten bergen Gefahren in sich. Das Wort »bereinigt« signalisiert eine gewisse Objektivität, ist aber insofern willkürlich, da die Wahl des Bezugsjahres frei ist. Ohne Angabe des Bezugsjahres sind bereinigte Lohnquoten wertlos. Wählt man als Basisjahr ein Rezessionsjahr oder ein Jahr des Wirtschaftsbooms, so wird deutlich, daß der Manipulation kaum Grenzen gesetzt sind. Eine »objektive« Darstellung wird als Basisjahr ein »normales« Durchschnittsjahr wählen.

5. Durch die *Nichtangabe der Nullinie* entsteht bei graphischen Darstellungen ein falscher Eindruck der Größenverhältnisse. Um Platz zu sparen, *unterbricht man* ferner gelegentlich die *Rechtecke*/Säulen oder knickt sie ab. Auch hierdurch entsteht ein falsches graphisches Bild der Daten.

5.1 Das folgende Schaubild hat beide Mängel. Die "fast symmetrische" Anordnung (mit der Türkei als Symmetrieachse) erschwert den Vergleich. Das Rechteck für Japan (3,6) scheint höher zu sein als das für die Schweiz (3,6).

2.2 FEHLER BEI DER AUFBEREITUNG DER DATEN

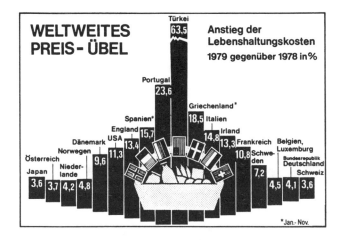

(Entnommen: Knaurs Weltspiegel '81. München-Zürich 1980, S.325)

5.2 In der folgenden Graphik entsteht ein falscher optischer Eindruck der Größenverhältnisse dadurch, daß die äußeren Rechtecke abgeknickt sind.

(Entnommen: Westfälische Nachrichten, Nr. 153, 6. Juli 1993)

6. Besonders irreführend ist ein Graphik, wenn der *Maßstab auf einer Achse verändert wird.*

6.1 Die Sparda-Bank hatte in ihren Hausmitteilungen ihre Mitgliederentwicklung durch Säulendiagramme veranschaulicht so wie es das linke der beiden Schaubilder zeigt: Keine Nullinie und auf der senkrechten Achse unterschiedliche Maße. Das Bild signalisiert eine starke positive Entwicklung. W.Krämer (1991, a.a.O. S. 36f), dem diese irreführende Darstellung auffiel, hat im rechten Säulendiagramm die Verhältnisse korrekt dargestellt.

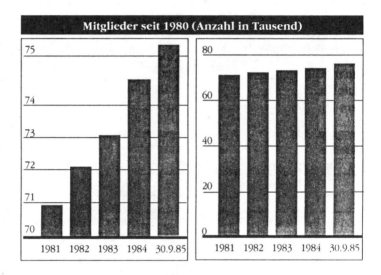

(Entnommen: Krämer, W.: So lügt man mit Statistik. Frankfurt- New York 1991^2, S.36)

6.2 V.Bernhard u.a. fordern auf einem Arbeitsblatt für das 6. Schuljahr die Schüler zur Analyse und Interpretation der folgenden zwei Statistiken auf:

2.2 FEHLER BEI DER AUFBEREITUNG DER DATEN   137

Arbeitsblatt: Interpretieren und Analysieren (A16)
Unten siehst du zwei Statistiken, die **beide** den PKW-Verkauf **eines** bestimmten Landes in den Jahren 1970–1976 darstellen!

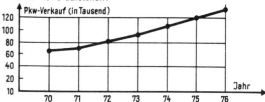

Die Autoindustrie beklagt sich über die niedrige Verkaufsentwicklung in den letzten Jahren: Die Zahl der verkauften PKWs steigt nur **langsam** an!

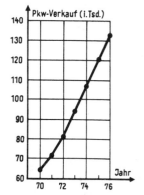

Eine Autofachzeitschrift behauptet: Der Umsatz in der Autoindustrie ist in den letzten Jahren **stark** steigend!

(Entnommen: Bernhard, V. u.a.: Arbeitsmaterialien zur Unterrichtseinheit "Statistik" 6. Schuljahr. In: MM, Journal für moderne Schulmathematik, Nr. 24, 1978, Verlag Herder.)

Hier werden die Graphiken zur Unterstützung einer vorgegebenen Aussage benutzt. Die Wahl der Maßstäbe auf den Achsen erfolgt so, daß die jeweiligen Behauptungen visuell eine Bestätigung erfahren. Die Schüler müssen die Gefahr solcher Darstellungen erkennen. Man rechnet damit, daß der Betrachter wenig Zeit hat und sich durch einen schnellen Blick den (manipulierten) Verlauf einprägt.
Je kleiner die Einteilung der waagerechten Achse gewählt wird und je größer gleichzeitig die Einteilung der senkrechten Achse gewählt wird, um so steiler wird die Kurve. Problematisch ist die Verbindung der sieben Daten (Punkte) durch Geradenstücke.

7. In einem Informations- und Werbeblatt der Deutschen Bundespost aus dem Jahre 1986, das allen Haushalten ungebeten ins Haus "flatterte", findet sich die nachfolgende merkwürdige Art, Daten graphisch darzustellen und zu interpretieren.

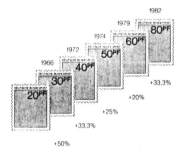
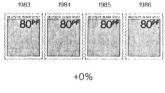

Der Leser wird durch den Text *bewußt auf die waagerechte Linie "1983-1986+0%"* gelenkt, obwohl sich eine noch längere waagerechte Linie mit +0% von 1966-1972 oder von 1974-1979 ergeben hätte. Dort wird aber die am Ende der Zeitspanne erfolgte Steigerungsrate in % angegeben. Diese Zeitspannen mit ihren Steigerungsraten werden dann auch ansteigend graphisch dargestellt. Nachdenklich muß auch das Fehlen der Jahresangabe bei der Marke zu 20 Pf stimmen.

8. Die Graphik "Interesse an Kommunalpolitik" stellt das Rangmerkmal "Interesse" aufgrund einer Befragung dar. Die Art des Befragung wird nicht näher erläutert. Offensichtlich wurden die Merkmalsausprägungen "gar nicht" und "sehr stark" als Endpunkte der Rangskala betrachtet. Unklar bleibt, ob (wie im Schaubild angegeben) eine äquidistante Unterteilung von 1 bis 5 in der Befragung vorgegeben war. Es wird auch nicht angegeben wie die Merkmalsausprägungen für 2,3 und 4 benannt wurden. Eine Interpretation ist also äußerst schwierig. Der Text zu dieser Graphik macht auch eine Aussage bezüglich des Zusammenhangs zwischen Interesse an Kommunalpolitik und Bildungsstand. Aus der Graphik kann überhaupt keine diesbezügliche Aussage abgeleitet werden.

2.2 FEHLER BEI DER AUFBEREITUNG DER DATEN

Männer interessieren sich insgesamt stärker für Kommunalpolitik als Frauen. Einen Zusammenhang des Interesses am lokalpolitischen Geschehen mit dem Bildungsstand gibt es nicht, wohl aber mit dem Verbundenheitsgefühl zur Stadt Münster. Eigentlich selbstverständlich, daß die, die sich der Stadt verbunden fühlen, ein stärkeres Interesse äußerten.

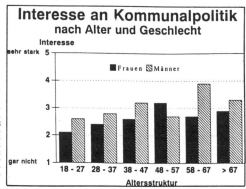

(Entnommen: Westfälische Nachrichten, Nr. 247, 23. Oktober 1993)

9. *Dreidimensionalen Veranschaulichungen* sollte man immer skeptisch gegenübertreten. Sie vermitteln sehr schnell fehlerhafte Eindrücke. Denn das Bild prägt sich ein, nicht der Text. Im schon angeführten Beispiel auf S.61 ("Deutsche Urlauber in der Welt ganz vorn") sind die *Prismen nicht maßstabsgetreu* zu den absoluten Häufigkeiten. So wirkt das Volumen des Prismas, welches das Auge wahrnimmt, für Japan (3,7) weit größer als das für Frankreich (4,3)

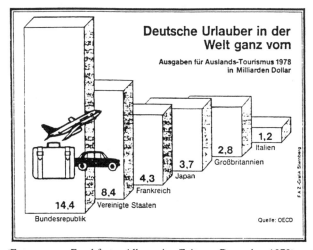

(Entnommen: Frankfurter Allgemeine Zeitung, Dezember 1979)

140   VII. FEHLER UND MANIPULATIONEN

Die perspektivische Darstellung der Prismen und die Hintereinanderstellung der Prismen ist keine sachgerechte Darstellung. Die Information hätte exakt und optisch besser durch auf einer gemeinsamen Nullinie nebeneinanderstehende Säulendiagramme vermittelt werden können. Nimmt man an, es handelt sich in der Graphik um ein Stabdiagramm, in dem die Höhe der vorderen hellen Rechtecke als Maß für die Ausgaben zu gelten hätte, so sind bei Zugrundelegung der Daten und Maße für die Bundesrepublik die weiteren Rechtecke nicht korrekt. Der Vergleich Vereinigte Staaten (8,4) mit Frankreich (4,3) wird optisch erschwert, da die Größenverhältnisse der Höhen nicht stimmen. Natürlich können auch die Zahlen falsch sein.

10. In der nachfolgenden Graphik kann man bei der flächenhaften Darstellung der Zahlen durch Kreise (mit Ausnahme der Zahl 8 für sonstige (Lärmquellen)) den Kreis als ein Symbol für ein Piktogramm ansehen. Eine größere Zahl wird hier dann nicht durch mehrere kleine gleichgroße Kreise, wobei dieser kleine Kreis als Einheit dient, dargestellt, sondern durch einen entsprechend größeren Kreis.

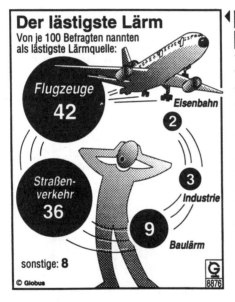

(Entnommen: auto & reise, 1-2/93, S.50)

Die *Aussagekraft* der obigen Statistik ist *gering*,
- da nicht gesagt wird, wie die statistischen Einheiten (die Befragten) ausgewählt wurden (war es eine repräsentative Befragung?),

2.2 FEHLER BEI DER AUFBEREITUNG DER DATEN 141

- da nicht der Wortlaut der Frage mitgeteilt wird. Eine Frage wie "Welchen Lärm würden Sie als besonders störend empfinden?" hat eine andere Antwort zur Folge als eine Frage wie "Durch welchen Lärm fühlen Sie sich besonders gestört?" Es überrascht, daß 42% der Befragten als lästigste Lärmquelle Flugzeuge nannten. Gemessen am Anteil der Bevölkerung von Deutschland, der vom Fluglärm gar nicht oder kaum betroffen ist, scheint uns diese Zahl sehr hoch zu sein, insbesondere im Vergleich zur Lärmquelle durch Straßenverkehr.

11. Beobachtet man gleichzeitig zwei Merkmale in einer Grundgesamtheit, so erliegt man leicht der Gefahr, *statistische Zusammenhänge als kausale Zusammenhänge* zu deuten. Wir erinnern an das Beispiel "Störche/Geburten".

11.1 Auch die folgende Überschrift in einer Kundenzeitschrift assoziiert einen falschen Zusammenhang.

Die Statistik beweist es

Wer heiratet, lebt länger

(Entnommen: lukullus, Nr.3, 20. Januar 1984)

Aussagen, die mit dem Satz "Die Statistik beweist es" beginnen, müssen von vornherein als äußerst kritisch angesehen werden. In dem genannten Beitrag wird dann auch die Aussage relativiert, und es werden eine ganze Reihe gewichtiger Gründe dafür angegeben, warum Verheiratete länger leben. Es heißt dort u.a.:

"Zunächst einmal wirkt die Ehe als eine Art natürlicher Auslese. Viele kranke Menschen heiraten ihres schlechten Gesundheitszustandes lieber überhaupt nicht. Außerdem überlegen es sich Gesunde in der Regel sehr genau, bevor sie jemanden heiraten, der irgendwelche Krankheiten oder chronische Leiden hat....
Die Gruppe der Ledigen umfaßt schon aus diesem Grunde einen beträchtlich höheren Prozentsatz von Leuten mit weniger Aussicht auf ein langes Leben. Zum anderen leben Verheiratete gesünder als Junggesellen oder unverheiratete Frauen. Ordnung und Regelmäßigkeit sind die charakteristischen Merkmale des Ehelebens, und beide zusammen bilden eine solide Grundlage für körperliche und geistige Gesundheit. Manche Junggesellinnen und Junggesellen sind oft bis tief in die

Nacht hinein auf, und häufig leiden sie an Schlaflosigkeit. Außerdem ist bei ihren Zerstreuungen von wirklicher Erholung und Erfrischung gar keine Rede. Hausfrauen, die alle Hände voll zu tun haben, oder Ehemänner, die den Unterhalt für ihre Familie herbeischaffen müssen, legen sich lieber zur rechten Zeit schlafen. Daher sind sie - trotz aller Arbeit - im allgemeinen ausgeglichener und ausgeruhter als die ledigen Personen....
Es kann somit nicht mehr ernsthaft angezweifelt werden, daß aller Wahrscheinlichkeit nach Verheiratete die Aussicht haben, länger und gesünder zu leben als alleinstehende Personen.
Dr.Florence V.Steurer."

11.2 Es ist bekanntlich auch sehr schwierig, bestimmte Erkrankungen des Menschen aufgrund einer statistischen Korrelation als kausal verursacht durch Umwelteinflüsse (Luftverschmutzung, radioaktive Strahlung, elektromagnetische Strahlung) nachzuweisen.

12. Häufig werden registrierte Daten unter Benutzung weiterer Randbedingungen dazu benutzt, *Prognosen* zu erstellen. Leider werden aber die jeweils gemachten Annahmen häufig nicht genannt oder transparent gemacht. Das erschwert dann die Beurteilung einer Prognose.

12.1 Gemäß eines Berichtes in der Süddeutschen Zeitung, Nr.36, Magazin, 04.09.1992, S.23, gab W. Halbhuder aus dem Bayerischen Kultusministerium auf den Vorwurf, sich bei der Prognose zum Lehrerbedarf "ganz schön verrechnet " zu haben, die folgende Antwort: "Wir haben uns nicht verrechnet. Wir stellen Modellrechnungen an, das heißt, wir prophezeien nichts, sondern wir sagen: "Unter ganz bestimmten Annahmen wird dies und jenes eintreten." Unsere Modellrechnungen waren völlig korrekt. Nur die Annahmen aus den achtziger Jahren sind durch die Realität nicht voll bestätigt worden."

12.2 Auch das folgende Schaubild zeigt, wie kritisch man Prognosen gegenüberstehen muß. Alle drei Prognosen der Kultusministerkonferenz (KMK) erwiesen sich als falsch.

2.2 FEHLER BEI DER AUFBEREITUNG DER DATEN

Die Hochschulen brauchen Hilfe
Trotz sinkender Studienanfängerzahlen keine Entlastung in Sicht

Von BRIGITTE LINDEN

Bonn – „Eine Entlastung der Hochschulen ist nicht in Sicht." Mit diesem Satz kommentierte der Präsident der Hochschulrektorenkonferenz (HRK), Professor Hans-Uwe Erichsen, gestern vor Journalisten in Bonn die aktuellen Studentenzahlen. Insgesamt haben sich – nach einer Umfrage der HRK bei ihren Mitgliedern – an den deutschen Universitäten und Fachhochschulen 1992 rund 283 000 Studienanfänger eingeschrieben. Das sind zwar 7,4 Prozent weniger als im Vorjahr, aber doch acht Prozent mehr, als die Kultusministerkonferenz noch Anfang 1991 aufgrund der Bevölkerungsentwicklung prognostiziert hatte. Der Grund ist laut Erichsen „die steigende Studierneigung" der Abiturienten. ...

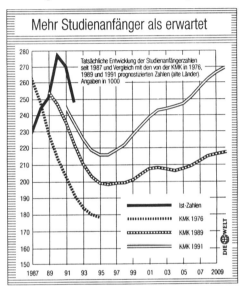

(Entnommen: Die Welt, 10. Dezember 1992)

12.3 Man beachte in diesem Zusammenhang auch die vielen Wirtschaftsprognosen und bevölkerungspolitischen Prognosen in Vergangenheit und Gegenwart. Die Modellannahmen, die der jeweiligen Rechnung zugrundeliegen, hängen oft von vielen Faktoren und Verhaltensweisen ab, die bei Veränderungen auch die Prognosen zusammenbrechen lassen. Kurzfristige Prognosen haben natürlich eine größere Aussagekraft als langfristige Prognosen.

13. Irritationen rufen auch immer wieder Statistiken *verschiedener* Institutionen zu gleichen oder ähnlichen Fragestellungen hervor, wenn die Ergebnisse voneinander abweichen. Das ist sicher dann der Fall, wenn mit *verschiedenen Begriffsfestlegungen* gearbeitet wird.

13.1 Der folgende Zeitungsbericht ist hierfür ein Beispiel.

Qual der Wahl

Sind die deutschen Studenten besser als ihr Ruf? Bisher galt als gesichert, daß rund jeder vierte Kommilitone seine akademische Ausbildung abbreche. Eine Datenerhebung von „Hochschul-Informations-System" (HIS) in Hannover zeichnet nun, für die Abgänger-Jahrgänge 1974 bis 1979, ein anderes Bild. Danach haben neunzig Prozent ein Studienziel erreicht — wenn auch oft nur auf langwierigen, viel Zeit und Geld kostenden Umwegen. Man hat jetzt die Qual der Wahl. Eine zweite Untersuchung, an der Universität Hamburg angefertigt und auf deren Absolventen beschränkt, kommt zu einem alarmierenden Ergebnis: Obwohl sich zwischen 1968 und 1981 die Studentenzahl auf mehr als 35 000 verdoppelt hat, liegt die Erfolgsziffer 1981 mit knapp 2700 nicht höher als im Vergleichsjahr 1968.
Statistik ergibt nur einen Sinn, wenn man sie relativiert — so auch hier. Ist der kein Studien-Abbrecher, der erklärt, er wolle, nach einer Pause, doch noch an die Uni zurück? Ist man, gegen HIS, gegen solche und einige andere Vor-Urteile, so verdoppeln sich die Versager-Zahlen auch nach dem HIS-Standard. Was Hamburg angeht: Sollten Unis mit kräftig überhöhten Anfänger-Ziffern arbeiten, indem sie Mehrfach-Bewerbungen nicht ausklammern? Oft, nur allzu oft beweist Statistik, was sie beweisen soll. *P. F. R.*

(Entnommen: Christ und Welt/Rheinischer Merkur, 38. Jahrg., Nr. 7, 18.Februar 1983)

13.2 Aus dem gleichen Grund, nämlich Zugrundelegung unterschiedlicher Begriffsdefinitionen, lassen sich auch Arbeitslosenstatistiken verschiedener europäischer Länder nicht miteinander vergleichen. Die einzelnen Länder definieren, wann eine Person als arbeitslos gilt, sehr verschieden. In der Bundesrepublik gilt zum Beispiel zur Zeit als arbeitslos eine Person ohne Arbeitsverhältnis (abgesehen von einer geringfügigen Beschäftigung),
- die sich als Arbeitsuchende beim Arbeitsamt gemeldet hat,

2.2 FEHLER BEI DER AUFBEREITUNG DER DATEN

- die eine Beschäftigung von mindestens 18 und mehr Stunden für mehr als 3 Monate sucht,
- die für eine Arbeitsaufnahme sofort zur Verfügung seht,
- die nicht arbeitsunfähig erkrankt ist,
- die in der Bundesrepublik Deutschland wohnt,
- die das 65. Lebensjahr noch nicht vollendet hat.

Diese Bedingungen müssen gleichzeitig erfüllt sein.
Frage: Hätten Sie das gewußt?
Als arbeitslos gilt also nicht
- eine Person, die nur eine Arbeit bis zu 3 Monaten sucht,
- eine arbeitsunfähig erkrankte Person, auch wenn sie Arbeit sucht,
- eine schulentlassene Person, die eine Ausbildungsstelle, aber keine Arbeitsstelle sucht,
- eine Person, die in Kurzarbeit steht.

Andererseits kann eine Person mit bis zu etwa 18 Stunden Beschäftigung durchaus als arbeitslos gelten.
Frage: Hätten Sie das gewußt?

Diese zahlreichen Kriterien, die der normale Bürger sicher nicht kennt, und die sich ständig ändern, machen eine verständnisvolle sachgemäße Interpretation von Arbeitslosenstatistiken so schwer. Diese deutsche Definiton für Arbeitslosigkeit ist aber nicht identisch mit den Arbeitslosigkeitsdefinitionen in anderen Ländern. Die Arbeitslosenquoten verschiedener Länder sind also nicht von vornherein vergleichbar.

Noch schwerer wird ein Verständnis, wenn saisonbereinigte Zahlen angegeben werden (siehe das folgende Schaubild).

Bei der Entwicklung der Arbeitslosigkeit gibt man in Zeitreihen außer den tatsächlichen Arbeitslosenzahlen häufig auch saisonbereinigte Arbeitslosenzahlen an. Denn das Ausmaß der Saisonschwankungen interessiert im allgemeinen nicht so wie saisonbereinigte Zeitreihen. In der Wissenschaft werden aber ganz unterschiedliche Methoden zur Saisonbereinigung eingesetzt, so daß eine Interpretation der entsprechenden Graphiken nicht ohne weitere Kenntnisse über das benutzte Verfahren möglich ist.

VII. FEHLER UND MANIPULATIONEN

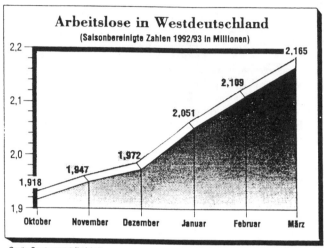

Quelle: Bundesanstalt für Arbeit   ZEIT-Graphik

Ein Glückssymbol ist die berühmte Zahl in diesem Fall wahrlich nicht: Zum dreizehntenmal in Folge stieg die um Saisoneffekte bereinigte Zahl der Arbeitslosen in Westdeutschland. Im März standen 455 000 Menschen mehr auf der Straße als ein Jahr zuvor. Zwar ging die tatsächliche Zahl gegenüber dem Vormonat um rund 65 000 zurück, doch das war kaum mehr als die Hälfte dessen, was zu dieser Jahreszeit sonst üblich ist.

(Entnommen: Die Zeit, Nr. 16, 16. April 1993)

14. Das folgende Balkendiagramm "Im Dienste der Gesundheit" ist falsch, weil der *Balken* "Krankenschwestern, Krankenpfleger" für das Jahr 1981 (wohl aus Platzgründen) in *2 Teile zerlegt und übereinander gelegt* wurde. Dadurch vermittelt das Bild einen falschen Eindruck der wirklichen Zahlen. Zu beanstanden ist auch die *Interpretation* in den Kreisen. Denn Tierärzte, Kinderkrankenschwestern und Hebammen werden nur von einer geringen Zahl aus der Bevölkerung überhaupt je in Anspruch genommen. Die Aussagen "1 Angehöriger der Gesundheitsberufe auf 155 Einwohner" und "1 Angehöriger der Gesundheitsberufe auf 105 Einwohner" sind also irreführend und nicht differenziert genug. Ferner fehlen Angaben zur Bevölkerungszahl als Bezugsgröße. Der angegebene Vergleich kann also nicht überzeugen.

2.2 FEHLER BEI DER AUFBEREITUNG DER DATEN

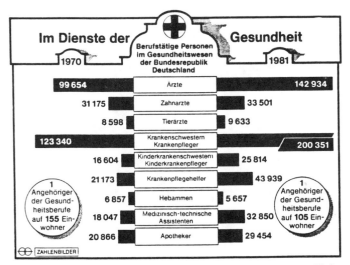

Im Gesundheitswesen gehört die Bundesrepublik heute zu den am besten versorgten Ländern der Welt. Seit Anfang der siebziger Jahre hat sich die Personalausstattung der Krankenhäuser, Arztpraxen und Apotheken so verbessert, daß der früher beklagte Mangel mancherorts schon in sein Gegenteil umschlägt. In wenigen Zahlen läßt sich diese Entwicklung zusammenfassen: Kam 1970 erst auf 155 Einwohner ein Angehöriger der Gesundheitsberufe, so lautete das Verhältnis Ende 1981 schon 1 zu 105; ein Arzt hatte 1970 im Durchschnitt 610 Einwohner zu versorgen, 1981 aber nur noch 432.

(Entnommen: Informationen für unsere Geschäftsfreunde, Sparkassenkundendienst, Deutscher Sparkassenverlag, August 1983)

15. Im folgenden Schaubild sind gleich mehrere Formen der graphischen Darstellung für ein und denselben Datenkomplex gewählt worden. Ein einfaches Stab- oder Säulendiagramm hätte die Information mindestens ebenso klar vermitteln können. Fraglich ist, ob das breite schwarze Band zwischen den Zeitpunkten mit seinen wellenartigen Schwankungen tatsächlich der Realität in den Zeitspannen entspricht.

VII. FEHLER UND MANIPULATIONEN

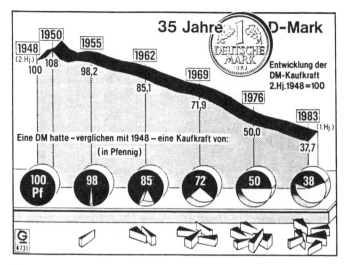

Die DM kommt langsam in die Jahre, und man sieht es ihr an. Sie ist zwar noch begehrt wie eh und je, aber sie hat an Glanz verloren.

(Entnommen: Informationen für unsere Geschäftsfreunde, Sparkassenkundendienst, Deutscher Sparkassenverlag, August 1983)

16. Auch dieses Schaubild "Altersstruktur der Hochschullehrer der Chemie" besitzt zwei verschiedene Darstellungsformen, nämlich Säulendiagramme und Polygonzüge (Kurven), um die Veränderungen vom WS 69/70 (der gestrichelte Linienzug) zum WS 76/77 (Säulendiagramm) kenntlich zu machen. Gerade dies erschwert aber den Vergleich im Einzelnen, oder macht ihn sogar unmöglich. So kann man z.B. die Zahl der H2, H3- Hochschullehrer der Altersgruppe 45-49 im Säulendiagramm (WS 76/77) ziemlich genau ablesen (115), nicht aber im gestrichelten Kurvenzug (WS 69/70). Hier "streut" die Zahl von etwa 30 bis 70, wenn man die Breite der Säule berücksichtigt. Sieht man die gestrichelte Linie (WS 69/70) als Zusatzinformation für die Altersgruppen an, so ist diese allerdings schwer auszuwerten und nicht ganz überzeugend. Warum die Rechtecke (WS 76/77) nicht aneinander liegen, bleibt ebenfalls unklar. Zwei nebeneinander gestellte Säulen für das WS 69/70 und WS 76/77 der jeweiligen Altersgruppe hätten den Sachverhalt wesentlich klarer darstellen können.

3. ABSCHLIESSENDE BEMERKUNGEN 149

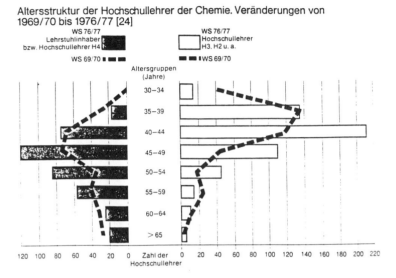

(Entnommen: Schriftenreihe des Fonds der chemischen Industrie, Heft 14, Frankfurt am Main 1978, S.53)

3. Abschließende Bemerkungen

Nicht alles, was angesprochen wurde, läßt sich immer auch im Unterricht verwirklichen. Es ist aber wünschenswert, wenn wenigstens ein Teil der Ideen und Methoden im Unterricht behandelt werden könnte. Richtlinien und Lehrpläne geben dazu die Möglichkeit. Schulalltag und Umwelt geben immer wieder Veranlassung, Verfahren und Methoden der beschreibenden Statistik anzuwenden und auf den Prüfstand zu stellen. Unsere unterrichtlichen Erfahrungen haben gezeigt, daß Schüler hochmotiviert vorgegebene Statistiken auf Fehler und Manipulationen untersuchen und sachorientierte kritische Fragen zu stellen vermochten.

VIII. Anhang

1. Literatur

Wir verweisen vorab
- auf die Bibliographie von **H. Kütting**. In: Didaktik der Stochastik. Mannheim - Leipzig - Wien - Zürich 1994,
- auf die Zeitschrift **"Stochastik in der Schule**, die als Organ des Vereins zur Förderung des schulischen Statistikunterrichts e.V. Dortmund seit 1979 erscheint.

In der folgenden Bibliographie ergänzen wir die oben genannten Bibliographien. Wir beschränken uns auf einige wenige Hinweise auf Bücher und Zeitschriftenartikel mit Bezügen zu unseren Themenkreisen.

BÜCHER

Abele, A.: Einführung in die Statistik. Ziel Mathematikunterricht, Studienmappe 15. Frankfurt 1979.
Abels, H./Degen,H.: Handbuch des statistischen Schaubilds. Herne-Berlin 1981.
Altendorfer, A./Hans,Chr.: Statistik und Wahrscheinlichkeitsrechnung: motivieren - erarbeiten - üben - anwenden. Darmstadt 1989.
Anderson, A.J.B.: Interpreting Data: A first course in statistics. London 1988.
Anderson, O./Popp, W./Schaffranek, M./Stenger, H./Szameitat, K.: Grundlagen der Statistik. Berlin-Heidelberg-New York 1978.
Bahrenberg, G./ Giese,E.: Statistische Methoden und ihre Anwendung in der Geographie. Stuttgart 1975.
Barnett,V. u.a.: Statistical education and training for 16-19 years old. Sheffield 1979.
Bartel, H.: Statistik I und II für Psychologen, Pädagogen und Sozialwissenschaftler. Stuttgart 1972 und Stuttgart 1974.
Bassett, E.E./Bremner, J.M u.a.: Statistics-Problems and solutions. London 1986.
Benninghaus, H.: Statistik für Soziologen 1: Deskriptive Statistik. Stuttgart 1979.
Bibby, J.: Notes towards a history of teaching Statistics. John Bibby Books 1986.
Biehler, R.: Computers in Probability Education. IDM Occasional Paper 108. Universität Bielefeld 1988.
Biehler, R.: Explorative Datenanalyse - Eine Untersuchung aus der Perspektive einer deskriptiv- empirischen Wissenschaftstheorie. IDM Materialien und Studien 24. Universität Bielefeld 1982.
Biehler, R.: Die Renaissance graphischer Methoden in der angewandten Statistik. IDM Bielefeld. Occasional Paper 65. Universität Bielefeld 1985.
Blind, A. (Hrsg.): Umrisse einer Wirtschaftsstatistik. Hamburg 1966.
Bogun, M./Erben,Ch.M./Schulmeister,R.: Einführung in die Statistik. Weinheim-Basel 1983.

1. LITERATUR

Böker, F.: Statistik lernen am PC. Göttingen 1989.
Borovcnik, M.: Was bedeuten statistische Aussagen? Wien-Stuttgart 1984.
Borovcnik, M./Ossimitz, G.: Materialien zur Beschreibenden Statistik und Explorativen Datenanalyse. Wien-Stuttgart 1987.
Borovcnik, M.: Stochastik im Wechselspiel von Intuitionen und Mathematik. Mannheim - Leipzig - Wien - Zürich 1992.
Bosch, K.: Statistik für Nichtstatistiker. München - Wien 1990.
Bosch, K.: Elementare Einführung in die angewandte Statistik. Wiesbaden 1987[4].
Breny, H. (Hrsg.) : The teaching of statistics in schools. International Statistical Institute 1976.
Buttler, G./Stroh,R.: Einführung in die Statistik. Frankfurt a.M. 1976.
Clarke, G.M./Cooke, D.: A Basic Course in Statistics. London 1992[3].
Clauß, G./Ebner, H.: Grundlagen der Statistik für Psychologen, Pädagogen und Soziologen. 2. Aufl. Thun- Frankfurt a.M. 1977.
Clegg, F.: Simple Statistics. Cambridge 1982.
Costas, I.: Grundlagen der Wirtschafts- und Sozialstatistik. Frankfurt- New York 1985.
Cox, D.R./Suel, E.J.: Applied Statistics. Principles and Examples. London-New-York 1981.
Cramer, U.: Statistik für nicht-mathematische Berufe 1. Beschreibende Statistik. Ismaning 1988.
Deutsches Institut für Fernstudien an der Universität Tübingen (DIFF): Mathematik, Kurs für Lehrer der Sekundarstufe I/Hauptschule:
HE 11 Beschreibende Statistik. Tübingen 1980.
Deutsches Institut für Fernstudien an der Universität Tübingen (DIFF):
Studienbriefe zur Fachdidaktik für Lehrer der Sekundarstufe II:
MS 1 Beschreibende Statistik. Tübingen 1980.
Deutsches Institut für Fernstudien an der Universität Tübingen (DIFF):
Wahrscheinlichkeitsrechnung und Statistik unter Einbeziehung von elektronischen Rechnern: SR1 Beschreibende Statistik. Tübingen 1982.
Eggs, H.: Stochastik I: Elementare Grundbegriffe. Frankfurt-Berlin-München 1984.
Erhardt, U./ Fischbach, R./ Weiler, H./ Kehrle, K.: Praktisches Lehrbuch Statistik. 1992[4].
Ehrenberg, A.S.C.: Statistik oder der Umgang mit Daten. Weinheim 1986.
Everitt, B.S./ Hay,D.: Talking about statistics. London 1992.
Ferschi, F.: Deskriptive Statistik. Würzburg-Wien 1978.
Flaskämper, P.: Allgemeine Statistik. Hamburg 1959.
Freilinger, P./Mathea, B./ Mathea, W.: Telekolleg II Mathematik, Beschreibende Statistik. München 1981.
Godfrey, M.G./ Roebuck, E.M./Sherlock, A.J.: Concise statistics. Kent-London 1988.
Göttner, R./Fischer, P./ Krieg, R.: Was ist - was kann Statistik? Leipzig-Jena-Berlin 1975.
Granier, Ch./ Guilbaud, B.: Statistique dans l'entreprise. Paris 1978.

VIII. ANHANG

Gotkin, L.G./Goldstein, L.S.: Grundkurs in Statistik. Band 1 und Band 2. München 1971[3] und 1972[3].

Haak-Wegner, R./Lange, I.: Sprache der Statistik. Frankfurt a.M. 1978.

Hald, A.: A history of probability and statistics and their applications before 1750. New York 1990.

Hartung, J.: Statistik. München-Wien 1989.

Harting, J./ Heine,B.: Statistik-Übungen, Deskriptive Statistik. München-Wien 1986.

Hayslett, H.T.: Statistics, Made simple. New York 1968.

Heller, W.-D./Lindenberg, H./Nuske, M./Schriever, K.-H.: Beschreibende Statistik. Basel-Stuttgart 1979.

Hessenfeld, E./ Schönhals, D.: Statistik mit Einführung in die Wahrscheinlichkeitlehre. Würzburg 1981.

Hessisches Institut für Lehrerfortbildung (HILF): Unterrichtsmaterialien zu den Rahmenrichtlinien Mathematik, Sekundarstufe I.
Beschreibende Statistik (8. Schuljahr) Heft 1: Unterrichtshilfen für den Lehrer - Arbeitsmaterialien für Schüler (mit eingedruckter Lösung). Heft 2: Arbeitsmaterialien für Schüler. Fuldatal 1980.

Huff, D.: How to lie with statistics. W.W. Norton, New York 1954.

ICOTS: Proceedings of the first international conference on teaching statistics. Volume I and II. University of Sheffield 1982.

ICOTS: Proceedings of the 2. international conference on teaching statistics. Victoria Univ., Columbia/Kanada 1987.

Ineichen, R./ Stocker, Hj.: Stochastik. Einführung in die elementare Statistik und Wahrscheinlichkeitsrechnung. 8.überarbeitete Auflage. Luzern-Stuttgart 1992.

Kaiser, H.J.: Statistischer Grundkurs. München 1972.

Kellerer, H.: Statistik im modernen Wirtschafts- und Sozialleben. Reinbeck bei Hamburg 1960.

Kennedy, G.: Einladung zur Statistik. Frankfurt-New York 1985.

Klotz, G.R. (Hrsg.): Statistik (Beschreibende Statistik, Wahrscheinlichkeitsrechnung, Anwendungen). Braunschweig 1976.

Köhler, W./ Schachtel, W./ Voleske, P.: Biometrie. Einführung in die Statistik für Biologen und Agrarwissenschaftler. Berlin-Heidelberg-New York 1984.

Kollegium Biomathematik NW: Biomathematik für Mediziner. Berlin-Heidelberg-New York 1976[2].

Krämer, W.: So lügt man mit Statistik. Frankfurt - New York 1991[2].

Krämer, W.: Statistik verstehen. Frankfurt-New York 1992.

Kraft, M./Braun, K.: Statistische Methoden für Wirtschafts- und Sozialwissenschaften. Würzburg-Wien 1981.

Kreyszig, E.: Statistische Methoden und ihre Anwendungen. 6. Aufl. Göttingen 1968[3].

Krotz, F.: Statistik Einstieg am PC. Stuttgart 1991.

Kütting, H.: Didaktik der Wahrscheinlichkeitsrechnung. Freiburg-Basel-Wien 1981.

Kütting, H.: Didaktik der Stochastik. Mannheim-Leipzig-Wien-Zürich 1994.

1. LITERATUR 153

Labrousse, Ch.: Statistique, exercices corrigés. Tome 1. Paris 1977[5].
Landesinstitut für Schule und Weiterbildung NRW (Hrsg.):
- Stochastik in der Klassenstufe 7/8. Einführung in die Elemente der beschreibenden Statistik. Soest 1986.
Lanzl, A.: Mit statistischen Tabellen arbeiten lernen. Paderborn 1981.
Leiner, B.: Einführung in die Statistik. München-Wien 1980.
Linhart, H./ Zucchini, W.: Statistik Eins und Zwei. Basel-Stuttgart 1980 und 1982.
Lippe v.d., P.: Wirtschaftsstatistik. Stuttgart-New York 1977.
Lohse, H.: Elementare Statistik. Berlin 1983.
Lohse, H./ Ludwig, R.: Statistik für Forschung und Beruf. Thun - Frankfurt a.M.1977.
Maibaum, G.: Wahrscheinlichkeitstheorie und mathematische Statistik. Berlin 1981.
Masiéri, W.: Statistique et calcul des probabilités. Editions Sirey 1982.
Moore, D.S./Mc Cabe, G.: Introduction to the practise of statistics. New York 1989.
Morris, R. (Edit.): Studies in Mathematics Education. Second international conference of teaching statistics in Victoria in 1989. Paris 1989.
Morris, R. (Edit.) : Studies in Mathematics Education: The teaching of statistics. Unesco, Paris 1991.
Müller, P.H. (Hrsg.): Lexikon der Stochastik. 5.bearbeitete und wesentlich erweiterte Auflage. Berlin 1991.
Murphy, P./ Hayslett, H.T.: Stastics made simple. London 1983.
Nowak, H./ Roebruck, P.: Biometrie. Band 1: Medizinische Statistik. Stuttgart-New York 1982.
Panknin, M.: Mengen, Zufall und Statistik. Hannover-Frankfurt a.M.-Paderborn 1973.
Peterson, H.: Grundlagen der deskriptiven und mathematischen Statistik. Landsberg/Lech 1991.
Pfanzagl, J.: Allgemeine Methodenlehre der Statistik. 2 Bände. Band 1: 6. Auflage, Berlin-New York 1978. Band 2: 5.Auflage, Berlin - New York 1978.
Phillips, J.L.: How to think about statistics. Freeman & Co 1988.
Pokropp, F.: Einführung in die Statistik. Göttingen 1977.
Rade, L. (Edit.): Statistics at the school level. Stockholm 1975.
Rade, L. (Edit.) : Proceedings Gothenburg Symposium on teaching statistics. Gothenburg 1981.
Reichel, H.-C.-/ Hanisch,G./Müller, R.: Wahrscheinlichkeitsrechnung und Statistik. Wien 1987.
Riedwyl, H.: Graphische Gestaltung von Zahlenmaterial. Bern-Stuttgart 1979[2].
Riedwyl, H.: Regressionsgerade und Verwandtes. Bern-Stuttgart 1980.
Riedwyl, H.: Angewandte Statistik. Bern-Stuttgart 1989.
Röhr, M./ Lohse, H./ Ludwig, R.: Statistik für Soziologen, Pädagogen, Psychologen und Mediziner. Thun-Frankfurt a.M. 1983.
Rutsch, M.: Statistik 1. Mit Daten umgehen. Basel-Stuttgart-Boston 1986.
Rutsch, M.: Statistik 2. Daten modellieren. Basel-Boston-Stuttgart 1987.

Sachs, L.: Statistische Methoden. Berlin-Heidelberg-New York 1970.
Schanz, R./ Weber, F. (Hrsg.) : Unterrichtshilfen: Statistik und Wahrscheinlichkeitsrechnung. Institut für Lehrerfort- und -weiterbildung. Mainz 1981.
Schefler, W.C.: Statistics: Concepts and applications. Addison-Wesley 1988.
Schmidt, W.: Lehrprogramm Statistik. Weinheim 1976.
Scheid, H.: Wahrscheinlichkeitsrechnung. Mannheim-Leipzig-Wien-Zürich 1992.
Schwarz, A.: Umgang mit Zahlen. München 1952.
Seifert, H.-J.: Mathematik, Mathematische Statistik. Studiengemeinschaft Darmstadt, o.O. und o.J.
Spiegel, M.R.: Statistik. Reihe: Schaum's Outline. Düsseldorf 1976 (Mc Graw-Hill Inc.).
Stingl, P.: Statistik in 10 Stunden. München-Wien 1981.
Stoyan, D.: Stochastik für Ingenieure und Naturwissenschaftler. Berlin 1993.
Streck, B.H.: Grundlagen der Statistik. Stuttgart-Berlin-Köln 1991.
Strehl, R.: Wahrscheinlichkeitsrechnung und elementare statistische Anwendungen. Freiburg 1974.
Swoboda, H.: Knaurs Buch der modernen Statistik. München-Zürich 1971.
Tippett, L.H.C.: Einführung in die Statistik. Wien 1952.
Vogel, F.: Beschreibende und schließende Statistik. München 1991.
Wagenführ, R.: Statistik leicht gemacht, Band 1. Einführung in die deskriptive Statistik. Köln 1971[6].
Wallis, W.A./Roberts, H.V.: Methoden der Statistik. Ein neuer Weg zu ihrem Verständnis. Freiburg-Hamburg 1977.
Weber, H.: Einführung in die Wahrscheinlichkeitsrechnung und Statistik für Ingenieure. Stuttgart 1988.
Weber, E.: Grundriß der biologischen Statistik. Stuttgart- New York 1980[8].
Wegmann, H./Lehn, J.: Einführung in die Statistik. Göttingen 1984.
Wehrt, K.: Beschreibende Statistik. Frankfurt a.M.-New York 1984.
Wickmann, D.: Bayes-Statistik. Mannheim-Wien-Zürich 1990.
Wiedling, H.: Statistische Verfahren. Band 1: Beschreibende Statistik. Gernsbach 1978.
Wolf. W.: Statistik. Eine Einführung für Sozialwissenschaftler. Band 1: Deskriptive Statistik, Grundlagen der Wahrscheinlichkeitsrechnung und Statistik. Weinheim-Basel 1974.
Yamane, T.: Statistik. Bd.1 und Bd. 2. Frankfurt a.M. 1976.
Zeisel, H.: Die Sprache der Zahlen. Köln-Berlin 1970.
Zöfel, P.: Statistik in der Praxis. Stuttgart 1985.

1. LITERATUR

ZEITSCHRIFTENARTIKEL

Für *einige* der berücksichtigten Zeitschriften benutzen wir folgende Abkürzungen:

at: Arithmetic Teacher, National Council of teachers of Mathematics USA
BzM: Beiträge zum Mathematikunterricht, Schroedel Verlag; Verlag Franzbecker, Hildesheim
DdM: Didaktik der Mathematik, Bayerischer Schulbuch-Verlag, München
EdM: Elemente der Mathematik, Birkhäuser Verlag Basel
esm: Educational Studies in Mathematics, D. Reidel, Dordrecht, Niederlande;Kluwer Academic Publishers Niederlande.
JDM: Journal für Mathematik-Didakatik. Verlag Schönigh, Paderborn
L'Ens. Math.: L'Enseignement Mathématique, Imprimerie SRO-Kundig, Genf
LU: Lernzielorientierter Unterricht, Hueber-Holzmann Verlag
math.did.: mathematica didactica, Verlag Franzbecker, Hildesheim
Math. Gaz.: Mathematical Gazette, Bell and Sons, London
MiS: Mathematik in der Schule, Volk und Wissen Berlin; Pädagogischer Zeitschriftenverlag, Berlin.
MNU: Der Mathematische und Naturwissenschaftliche Unterricht, Ferd. Dümmler Verlag, Bonn.
MPS: Mathematisch-Physikalische Semesterberichte, Vandenhoeck & Ruprecht Verlag
MS: Mathematische Semesterberichte, Springer Verlag
MT: Mathematics Teaching, The Association of Teachers of Mathematics, England.
MU: Der Mathematikunterricht, Klett Verlag; Friedrich Verlag in Velber in Zusammenarbeit mit Klett.
MUP: Mathematische Unterrichtspraxis, Verlag Ludwig Auer, Donauwörth
PM: Praxis der Mathematik, Aulis Verlag Deubner, Köln
SMG: Sachunterricht und Mathematik in der Primaratufe, Aulis Verlag, Deubner, Köln
ssm: School Science and Mathematics, School Science and Mathematics Association, Inc., USA
StiS: Stochastik in der Schule, Verein zur Förderung des schulischen Statistikunterrichts e.V., Dortmund
tmt: The Mathematics Teacher, National Council of Teachers of Mathematics, USA
ZDM: Zentralblatt für Didaktik der Mathematik, Fachinformationszentrum Karlruhe

Abele, A.: How to teach statistical concepts to slow - learning pupils. In: The teaching of statistics (Edit.: R. Morris) Unesco. Paris 1991. S. 146-161.
Alle, G.: Statistik in der Hauptschule. In: Die Scholle 47, 1979, Heft 3, S. 214-224.
Alzer, H.: Über einen Wert der zwischen dem geometrischen und dem arithmetischen Mittel zweier Zahlen liegt. In: EdM, 40, Heft 1, 1985, S. 22-24

Anderson, O.D.: Statistics instruction in the USA.
In: UMAP Journal, 10, 1989, Nr 1., S. 1-9.
Angle, N.S./ Juraschek, W.A.: Experiantial statistics and probability for elementary teachers. In: Teaching statistics and probability, 1981, S. 8-18.
Athen, H.: Regression und Korrelation in der SII. In: PM, 23, Heft 4, 1981, S.106-109.
Barbella, P.: Realistic examples in elementary statistics. In: tmt, 1987, S.740-743.
Barnett, V.: Teaching statistics in schools in England and Wales. In: Steiner, H.G.(Hrsg.): Comparative studies of Mathematics-Curricula -Change and Stability 1960-1980, IDM-Materialien und Studien, Band 19, Bielefeld 1980, S.444-463.
Barr, G.V.: Some student ideas on the median and the mode. In: Teaching Statistics, 2, 1980, S. 38-41.
Belsom, C.G.H.: Statistics in mathematics courses at A-level. In: Math.Gaz.,72,1988, Nr.460, S. 101-103
Belsam, C./Wood,J.: Teaching statistics via LOGO. In: Micromath, 1987, 3(3), S.20-21.
Bentz, H.-J.: Der Median als Unterrichtsgegenstand. In: DdM, 1984, S.201-209.
Bentz, H.-J./Borovcnik, M.: Mittelwert, Median und Streuung: Eine Zusammenschau. In: Kautschitsch H./ Metzler, W.(Hrsg.): Anschauung als Anregung zum mathematischen Tun. Wien-Stuttgart 1984, S.208-220.
Bentz, H.-J./Borovcnik, M.: Korrelation zwischen den Augenzahlen von zwei Würfeln. In: StiS, 1988, Heft 2, S. 25-32.
Bibby, J.: Karl Pearson and his history of teaching statistics. In: Teaching Statistics, 1991, Heft 2, S. 38-39.
Biehler, R.: Explorative Datenanalyse: Eine Untersuchung aus der Perspektive einer deskriptiv-empirischen Wissenschaftstheorie. In: ZDM, 16, 1984, Heft 5, S. 152-155.
Biehler, R.: Graphische Darstellungen in Wissenschaft, Medien und Unterricht. In: BzM, 1984, S.83-85.
Biehler, R.: Die Renaissance graphischer Methoden in der angewandten Statistik. In: Kautschitsch, H./ Metzler, W. (Hrsg.): Anschauung und mathematische Modelle. Wien-Stuttgart 1985, S.9-58.
Biehler R.: Daten analysieren mit dem Computer: Unterstützung von Begriffsbildung und Anwendungsorientierung in der Stochastik. In: MU,36, 1990, Heft 6, S.50-71.
Biehler,R: Datenanalyse und Computer im Stochastikunterricht. Erfahrungen und Entwicklungsperspektiven. In: Die Zukunft des Mathematikunterrichts, hrsg.v. LSW Soest, Soester Verlagskontor, 1990, S. 92-101.
Biehler, R./ Steinbring,H.: Entdeckende Statistik, Stengel- und -Blätter, Boxplots: Konzepte, Begründungen und Erfahrungen eines Unterrichtsversuchs. In: MU, 1991, Heft 6, S.5-32.
Birnbaum, S.: Auf wie viele Stellen bestimmen wir den Mittelwert? In: StiS, 4, 1984, Heft 2, S.13-17.

1. LITERATUR

Bloom, L.M./Mc Dougall, D.: Data analysis, sampling and simulation for the classroom. In: Aust. Math. Teach., 44(1), 1988, S. 11-13.

Bohau, H./ Moreland, E.J.: Developing some statistical concepts in the elementary school. In: Teaching statistics and probability, 1981, S. 60-63.

Bopp, F.: Zu Max Borns statistischer Deutung der Quantenphysik. In: MNU, 38, 1985, Heft 7, S.385-391.

Borovcnik, M.: Statistik-Unterricht im Gespräch - Internationale Tendenzen in der Statistik - Ausbildung. In: MU, 29, 1983, Heft1, S.84-90.

Borovcnik, M.: Zum Anwendungsproblem in der Statistik. Teil I und Teil II. In math.did., 1984, Heft 1, S.21-35 und Heft 2 , S.121-135.

Borovcnik, M.: Visualisierung als Leitmotiv in der beschreibenden Statistik. In: Kautschitsch, H./Metzler,W.(Hrsg.):Anschauung als Anregung zum mathematischen Tun. Wien - Stuttgart 1984, S.192-207.

Borovcnik, M.: Zum wissenschaftstheoretischen Hintergrund der Rechtfertigung statistischer Methoden. In: math. did., 11, 1988, Heft 1, S. 19-42.

Borovcnik, M.: Korrelation und Regression - ein inhaltlicher Zugang zu den grundlegenden mathematischen Konzepten. In: StiS, 8, 1988, Heft 1, S. 5-32.

Borovcnik, M.: Methode der kleinsten Quadrate. In: StiS, 1988, Heft 2, S. 17-24.

Borovcnik, M.: Eine Einführung in die explorative Datenanalyse. In: StiS, 1989, Heft 3, S. 5-20.

Borovcnik, M.: Explorative Datenanlyse - Techniken und Leitideen. In: DdM, 18, 1990, Heft 1, S. 61-80.

Borovcnik, M.: Zur Rolle der beschreibenden Statistik. Teil 1. In: math. did., 1986, 3/4, S.177-191.

Borovcnik, M.: Verschiedene Visualisierungsformen in der beschreibenden Statistik. In PM, 29, 1987, S. 399-404.

Borovcnik, M.: Analogien zum besserern Verständnis von Stochastik. In: DdM, 1992, Heft 1, S. 39-57.

Boyd. A.V.: Abschätzungen für Abweichungsmaße. In: StiS, 6, 1986, Heft 2, S.43-45.

Bradley, Ch.: The absolute correlation coefficient. In: Math. Gaz., 69, 1985, Heft 447, S. 12-17.

Bruni, J.V./ Silverman. H.J.: Developing concepts in probability and statistics - and much more. In: at, 33(6), 1986, S.34-37.

Büger, M.: Axiomatische Betrachtung zur Bildung von Mittelwerten mit Hilfe von Funktionen. In: MU, 36, 1990, Heft 2, S.10-25.

Buehs, R.: Statistik mit Multiplan. In: Lehrmittel aktuell, 14 (5), 1988, S.43-46.

Chambers, LLG.: A spurious relation between measures of central tendency. In: Math.Gaz., 74, 1990, Nr.467, S.54f.

Collis, B.: Teaching descriptive and inferential statistics using a classroom microcomputer. In: tmt, 76, 1983, Nr. 5., S. 318-322.

Cook, I.: Schätzen des Medians bei gruppierten Daten. In: StiS, 1989, Heft 2, S.18-21.

Cotts, J.W.: Prüfung der Modellvoraussetzungen bei linearer Regression. In: StiS, 1988, Heft 1, S.36-50.
Croucher, J.S.: Computer-Einsatz bei Rekursionsformeln für Mittelwert und Standardabweichung. In: StiS, 1985, Heft 2, S.28-31.
Davis, G.: Using data analysis to explore class enrollment. In: tmt,83,1990, Nr.2., S.104-106.
Diaconis, P./Efron B.: Statistik per Computer: Der Münchhausen -Trick. In: Spektrum der Wissenschaft. 1983, Heft 7, S.56-71.
Diepgen R.: Eine Aufgabensequenz zum statistischen Hypothesentesten, Teil 1 und Teil 2. In: StiS, 1985, Heft 2, S.22-27, und Heft 3, S.17-38.
Dinges, H.: Deskriptive Statistik für die Mittelstufe. (Vorschlag eines Gesamtplans). In: MU, 1982, Heft 1, S.5-27.
Mc Donald, A.D.: A stem-leaf plot: An approach to statistics. In: tmt, 1982, S.25, 27-28.
Dorn, G.: Die Entwicklung sportlicher Leistungen und die Grenzen der Mathematik. In: Mathematik lehren, 1984, Nr.4., S.62-65.
Draeger, M.: Die Statistik als Beispiel für die Durchführung mathematischer Arbeitsgemeinschaften. In: Unterrichtsblätter für Mathematik und Naturwissenschaften, 48, 1942, S.32-34.
Dunkels, A.: Stengel-Blatt-Diagramme in der Grundschule. In: StiS, 1990, Heft 1, S.4-12.
Dunkels, A.: Exploratory data analysis in the primary-school classroom: Graphing and concept formation combined. In: Morris, R. (Edit.): Studies in mathematics education: The teaching of statistics. Unesco, Paris 1991, S.19-26.
af Ekenstam, A.: Teaching Statistics in Swedish Schools. In: Steiner, H.-G. (Hrsg.): Comparative Studies in Mathematics Curricula - Change and Stability 1960 -1980. IDM-Materialien und Studien Band 19, Bielefeld 1980, S.464-477.
Engel, A.: Statistik auf der Schule: Ideen und Beispiele aus neuerer Zeit. In: MU, 1982, Heft 1, S. 57-85.
Engel, A.: Statistik mit programmierbaren Taschenrechnern (PTR) und Tischrechnern. In: Österreichische Mathematische Gesellschaft (Hrsg.): Lehrerfortbildungstag 20.9.1985 in Graz, Heft 13, 1985, S.19-42.
Engel, A.: Streifzüge durch die Statistik. In: DdM, 16, 1988, Heft 1, S.1-18.
Ernest, P.: Statistics and the media. In: Mathematics in school, 1986, Nr.3, S.14-15.
Falk, R.: Das Mittelwertspiel. In: StiS, 3,1983, Heft 1, S.3-6.
Falk, R.: Bootstrap: Eine aktuelle statistische Idee. In: Mitt. Math. Ges. Hamburg, 11(4), 1987, S. 475-486.
Farnun, N.R.: Eine Kurzformel zur Berechnung der mittleren absoluten Abweichung. In: StiS, 9, 1989, Heft 2, S. 22-25.
Farnun, N.R./ Suich, R.C.: Schranken für die Stichproben - Standardabweichung. In: StiS, 10, 1990, Heft 2, S.44-50.
Fleet,T.: A consistent definition for quantiles. In: Mathematics in School, 18, 1989, Nr. 5, S.28-32.

1. LITERATUR 159

Franklin, L.A.: Clarifying regression concepts using 3 points data sets. In: Teach. Statist., 10(1), 1988, S. 8-12.

Franklin, L.A.: Klärung des Konzepts der Regression mit Hilfe von Drei -Punkt - Datensätzen. In: PM, 33, 1991, Heft 1, S. 7-9.

Fraser, R.: Statistics in Austria. In: Teach. Statistics, 2(2), 1980, S.46-49.

Glaser, K.: Berechnen wir den Durchschnitt (Mittelwert) aus einem vorgegebenen Zahlenmaterial immer richtig? In: MiS, 15, 1977, S.582-588.

Gnanadesikan, R./ Kettering, J.R./ Siegel, A.F./ Tukey, P.A.: Themen aus der Datenanalyse: Begriffe, Methoden, Beispiele und Pädagogik. In: MU, 1982, Heft 2, S.28-56.

Goetsch, K.: Statistisch gesehen ... Projektunterricht in einem Mathematikgrundkurs der Sekundarstufe II. In: Pädagogik, 41, 1989, Heft 7-8, S.25-29.

Goode, S.M./ Gold, E.J.: Lineare Regression und Korrelation - ein elementarer Zugang. In: StiS, 8, 1988, Heft 1, S.33-35.

Goodchild, S.: Zum Schülerverständnis von Mittelwerten. In: StiS, 1989, Heft 2, S. 10-17.

Goodmann, T.A.: Statistics for the secondary mathematics student. In: ssm, 81, 1981, S.423-428.

Grant, I.H.W.: Rekursionen zur Methode der kleinsten Quadrate. In: StiS, 9,1989, Heft 2, S.26-30.

Grant, I.: Rekursive kleinste Quadrate. In: StiS, 10, 1990, Heft 2, S.38-43.

Haertel, R.: Anmerkungen zum Aufsatz "Mittelwerte im Vergleich" von H.-J. Kalbfleisch PM 27, 1985, S. 15-24. In: PM, 27, 1985, Heft 5, S.300-304.

Haigh, W.E.: Graph, Guess and Compute. In: tmt, 80(9), 1987, S. 716-721.

Haigh, W.E.: Statistical graphs and logo. In: ssm, 89(3), S.228-238.

Hart, A.E.: Die Nicht- Standard-Abweichung. In: StiS, 1983, Heft 3, S.11-18.

Hart, A.E.: Wie sollen wir die Standardabweichung erläutern? In: StiS, 1985, Heft 3, S.3-5.

Hebestreit, H./ Schröder, E.: Erfahrungen bei der Arbeit nach dem Rahmenprogramm "Elementare Statistik". In: MiS, 1978, S.141-145.

Heilmann, W.-R.: Regression und Korrelation im Schulunterricht? In: PM, 1982, S.203-204.

Heimlich, W.: Kannst Du ein Schaubild auswerten? In: Ehrenwirth Grundschulmagazin, 1979, Heft 7, S.27-28.

Henn, H.-W.: Meßwertanalyse - Eine Anwendungsaufgabe im Mathematikunterricht der Sekundarstufe I. In: MNU, 41, 1988, Heft 3, S.143-150.

Herget, W.: Der Zoo der Mittelwerte, Mittelwerte-Familien. In: Mathematik lehren, 1985, Heft 8, S. 50-51.

Hiems, H.: Die Zensurenkonferenz. In: Mathematik lehren, 1985, Heft 8, S.28-34.

Hill, I.D.: Zur Berechnung der Standardabweichung. In: StiS, 1981, Heft 3, S. 10-14.

Hilsberg, I.: Für die Jahreszeit zu warm? Ein fächerübergreifendes Projekt für Geographie und Mathematik. In: MiS, 1991, Heft 9, S. 629-642.

Hinders, D.C.: Examples of the use of statistics in society. In: tmt, 1990, Nr.2, S.136-141.

Hintermeier, H.: Die graphische Darstellung - Ein Übungsfeld für problemlösendes Denken. In: Die Scholle, 1976, Heft 5, S.708 ff.
Hoehn, L.: A geometrical interpretation of the weighted mean. In: The College Mathematics Journal. 15, 1984, Heft 2, S.135-139.
Holmes, P./Turner,D.: Teaching statistics to eleven-to-sixteen-year-olds. In: Teaching statistics and probability, 1981, S.18-24.
Hui,E.: Lineare Regression ohne Differentialrechnung. In: DdM, 16, 1988, Heft 2, S.94-98.
Ineichen,R.: Über den Unterricht in Wahrscheinlichkeitsrechnung und Statistik - Erfahrungen und Anregungen. In: DdM, 1980, S.81-101.
Ineichen,R.: Wie könnte man auf der Oberstufe des Gymnasiums in die schließende Statistik einführen? In: DdM,3,1982, S.165-182.
Ineichen,R.: Warten auf Erfolg- Theorie und Praxis. In: DdM,4,1988,S.247-261.
Jäger,J.: Abfüllen von Fertigpackungen, ein Thema für den anwendungsorientierten Stochastikunterricht. In: DdM, 1979, Heft 3, S.167-179.
Jungwirth, H.: Explorative Datenanlyse im Mathematikunterricht. In: Borovcnik, M./Ossimitz,G.: Materialien zur Beschreibenden Statistik und Explorativen Datenanalyse. Wien-Stuttgart 1987, S.157-190.
Kalbfleisch, H.-J.: Mittelwerte im Vergleich. Ein Unterrichtsbeispiel für die Sekundarstufe I und II. In: PM, 27, 1985, Heft 1, S.15-24.
Kapadia,R.: Statistikunterricht für 11-16jährige. The "Schools Council" - Projekt. In: StiS, 1979, Heft 1, S.22-28.
Kapadia, R.: Rang-Statistik. In: StiS, 1981, Heft 3, S.27-29.
Kapadia, R.: Developments in statistical education. In: esm, 1980, S.443-461.
Kerkhofs, W.: Statistics and probability for 12- to 16-year-olds. In: Morris, R.(Edit): Studies in mathematics education: The teaching of statistics. Unesco, Paris 1991, S.61-80.
Kimber, A.: Was für eine Bullenhitze! Analyse einiger Temperaturdatensätze. In: StiS, 1992, Heft 2, S.9-17.
Kimberling, C.: Microcomputer - Assisted discoveries: Mean, standard deviation and stopping the stars. In: tmt, 77, 1984, Heft 8, S.633-636.
Klimaszewsky, G.: Zur Dialektik von Notwendigkeit und Zufall und zu ihrer Bedeutung für die AG(R) "Elementare Statistik". In: MiS, 10, 1981, S.737-744.
Koßwig, F.W.: Deskriptive Statistik: ein neues Stoffgebiet für die Schule. In: BzM, 1977, S.152-155
Koßwig, F.W.: Beschreibende Statistik(bs) als Vorkurs zur Wahrscheinlichkeitsrechnung (WR)? In; BzM, 1978, S. 150-152.
Koßwig, F.W.: Funktionen in der beschreibenden Statistik. In: BzM, 1979, S.206-209.
Kowszun, J.: Zugang zur linearen Regression mit Microcomputern über Verteilungstafeln. In: StiS, 1989, Heft 2, S.31-39.
Krämer, W.: Wie lügt man mit Statistik? In: StiS, 1991, Heft 1, S.3-24.
Kröpfel, B.: Unterrichtseinheit "Wir lesen Zeitung" In: Borovcnik, M./ Ossimitz, G.: Materialien zur Beschreibenden Statistik und Explorativen Datenanalyse. Wien-Stuttgart 1987, S.123-156.

1. LITERATUR

Kröpfel, B.: Unterrichtseinheit "Fernsehgewohnheiten". In: StiS, 1988, Heft 3, S. 3-25.
Kroll, W.: Mittelwerte beim Autofahren. In: Mathematik lehren, 1985, Heft 8. S.49.
Kütting, H.: Stochastisches Denken in der Schule - Grundlegende Ideen und Methoden. In: MU, 1985, Heft 4, S.87-106.
Kütting, H.: Der große Lohnvorsprung oder Lohnquoten im Zerrspiegel der Darstellung. Ein Anwendungsbeispiel aus der beschreibenden Statistk. In: MU, 1990, Heft 6, S.36-40.
Lageard, J.J.: Wie kann man mit einem Rechenblatt das Verarbeiten bivariater Daten lehren. In: StiS, 1988, Heft 3, S.34-39.
Lamaison, H.J.: The use of micro-computer software packages in teaching economics and statistics. In: International Journal of Mathematical Education in Science and Technology, 17, 1986, Nr.1, S.67-69.
Lappan, G.: Research into practise: Teaching statistics: Mean, Median and Mode. In: at, 36, 1988, Nr.7, S.25-26.
Laussermayer, R.: Korrelation und Kausalität. In: Stochastik im Schulunterricht (Hrsg.: Dörfler, W./Fischer,R.). Wien -Stuttgart 1981, S.107-116.
Lee, R.D.: Learning from one's mistakes. In: Teaching Statistics 1979, Nr.3, S.77-79.
Lehmann, K.H.: Zur Behandlung des arithmetischen Mittels in Klasse 5. In: MiS, 1978, S.456-460.
LeMon, R.M.: Töne: Eine weitere bildhafte Darstellungsweise in der Stochastik. In: StiS, 1988, Heft 3, S.30-33.
Lihr, B.: Einige Gedanken zum fakultativen Kurs "Elementare Statistik". In: MiS, 1989, Heft 10, S. 724-729.
Loosen, F./Lioen, M./ Lacante, M.: Die Standardabweichung: Einige Auswirkungen eines intuitiven Ansatzes. In: StiS, 1985, Heft 3, S.6-12.
Lynch, R.: Vom Mittelwert zur Varianz: Eine Betrachtung zur Fehlerfortpflanzung. In: StiS, 1989, Heft 1, S.24-27.
Madsen, R.W.: Wie man Schülern Verzerrungen bewußt macht. In: StiS, 1981, Heft 3, S.34-38.
Maher, C./Pancari, J.: Statistik in der Oberstufe. In: StiS, 1991, Heft 1, S.25-33.
Martens, G.: Zur Methode der kleinsten Quadrate. In: DdM, 1988, Heft 2, S.88-93.
Matsumoto, A.N.: Correlation, Junior Varsity Style. In: Teaching statistics and probability, 1981, S.126-134.
Meierhöfer, B.: Statistische Diagramme. In: Ehrenwirth Hauptschulmagazin, 1983, Heft 8, S.39-42.
Moldenhauer, J.: Das Arbeiten mit Orientierungsgrundlagen in dem fakultativen Kurs "Elementare Statistik". In: MiS, 1983, Nr.10, S.756-761.
Moldenhauer, J./ Sill, H.-D.: Zur methodischen Gestaltung des Unterrichts in der AG(R) "Elementare Statistik. Teil 1, Teil 2, Teil 3 und Teil 4. In: MiS, 1981, S.745-763; MiS,19,1981, S.930-941. MiS,20, 1982, S.62-70; MiS,20,1982, S.301-304.

Moldenhauer, J./Thamm,H.: Erfahrungen bei der Bearbeitung gesellschaftlich - nützlicher Aufträge in der AG(R) "Elementare Statistik". In: MiS, 1980, Heft 2/3, S.140-145.

Neill, H.: A geometric view of statistics. In: Math. Gaz., 1982, S.284-294.

Nemetz, T.: Stochastik für das Gymnasium im neuen ungarischen Unterrichtssystem. In: Stochastik im Schulunterricht (Hrsg.: Dörfler/W. /Fischer,R.). Wien - Stuttgart 1981, S.117-124.

Neuwirth, E.: Visualisieren von Korrelation mit Verteilungsdiagrammen. In: StiS, 11, 1991, Heft 2, S.43-53.

Niemeyer, U.: Statistische Fehler. In: StiS, 1982, Heft 1, S.35-37.

Nordmeier, G.. "Erstfrühling" und "Aprilwetter" - Projekte in der explorativen Datenanalyse. In: StiS, 1989, Heft 3, S.21-42.

Ogborn, J.: "Making sense of data" - ein Projekt zur Entwicklung von Materialien für die explorative Datenanalyse im Schulunterricht. In: MU, 1991, Heft 6, S.54-63.

Parker, J./ Widmer,C.C.: Teaching mathematics with technology. Statistics and graphing. In: at, April 1992, Nr.8, S.48-52.

Plaut, H.C.: Über einige die Grundbegriffe der Statistik betreffende Vorurteile. In: Unterrichtsblätter für Mathematik und Naturwissenschaften, 37, 1931, S.106-109.

Pollatsek, A./ Lima, S./ Well, A.D.: Concept or Computation: Student´s understanding of mean. In: esm, 12(2), 1981, S. 191-204.

Pollert, M.: Umgang mit Tabellen, Diagrammen und Schaubildern - Beispiel "Säulendiagramm". In: Ehrenwirth Grundschulmagain, 1979, Heft 7, S.25-26.

Puritz, C.W.: Bestimmung von Regressionsgeraden ohne Differentialrechnung. In: StiS, 1982, Heft 2, S. 29-31.

Puscher,R.: Das Risiko der Bundesdeutschen. Eine Unterrichtseinheit zu quantitativen Risikoabschätzungen bei Atomkraftwerken. In: Mathematik lehren, 1987, Nr.25, S.42-47.

Puscher, R.: Dioxin. Auswirkungen auf die Schwangerschaft. In: PM, 1990, Heft 6., S.260-261.

Rade,L.: Statistics, Simulation und Statistical Data Analysis at the School Level. In: Stochastik im Schulunterricht (Hrsg.: Dörfler,W./Fischer,R.), Wien - Stuttgart 1981, S.165-178.

Reinhardt,H.G.: Some statistical paradoxes. In: Teaching statistics and probability, 1981, S.100-108.

Reuss,C.: Lineare Mehrfach-Regression und -korrelation. In: Mikro-Kleincomput. 9(6), 1987, S.81-83.

Reynolds, J.: Estimating the standard deviation. In: Math.Gaz., 1987, S.60-62.

Reynolds,P.: Statistik im Kreisamt. In: StiS, 1979, Heft 2, S.31-33.

Reynolds, J.: A mythological relationship between mean, median and mode. In: Theta, 1991, Heft 1, S.14.

Riemer, W.: Ein Partnertest - Beschreibende Statistik kann spannend sein. In: Mathematik lehren, 1987, Nr.3, S.42-45.

Riemer, W.: Der Varianz-Abakus. In: Mathematik lehren, 1985, Heft 12, S.39-43.

1. LITERATUR

Röttel,K.: Statistische Anwendungen in der Vererbungsforschung. In: PM, 1984, S. 170-178.

Röttel, K.: Gregor Mendel (1822-1884) im Mathematikunterricht. In: BzM, 1984, S.288-291.

Rohn, Karl.: Zur Einführung des Rahmenprogramms "Elementare Statistik" für Arbeitsgemeinschaften der Klasse 9 und 10. In: MiS, 1977, S.268-272.

Rothfuchs,G.: Einführung in die beschreibende Statistik. In: Lehrer Journal, Hauptschulmagazin. 1988, Nr.2, S.33-36.

Rouncefield,M.: Practical statistics in the sixth form. In: Mathematics in School, 1989, Nr.1, S.6-7.

Rüthing,D.: Ein induktiver und analytischer Beweis der Ungleichung zwischen dem arithmetischen und geometrischen Mittel. In: PM, 27, 1985, Heft 5, S.304-306.

Sabelus, H.: Einiges zur Planung, Gestaltung und Erziehungswirksamkeit der AG(R) "Elementare Statistik". In: MiS, 1982, S.459-466.

Sahai, H.: What is census. In: Int. J. Math. Educ. Sci. Technol., 19(1), 1988, S.119-124.

Saltinski, R.: Statistics is important. A time to stop being timid. In: ssm, 1982, S.249-253.

Sanders, W.J.: Statistical inference in junior high and middle school. In: Teaching statistics and probability, 1981, S.194-262.

Sandrock, K.: Ein häufiger Patzer bei einfacher linearer Regressionsanalyse. In: StiS, 1989, Heft 2, S.40-47.

Sanok,G.: Using graphics to represent statistics. In: Mathematics for the middle Grades (5-9), 1982, S.172-176.

Schindler, M.: Gebrauchtwagenpreise. (Einführung in die beschreibende Statistik). In: Becker,G. u.a., Neue Beispiele zum anwendungsorientierten Mathematikunterricht in der Sekundarstufe 1. Bad Heilbrunn 1983, S.9-34.

Searle, S.R.: Die Rekursionsformeln für arithmetische Mittel und Varianzen. In: StiS, 1983, Heft 3, S.5-9.

Selkirk, K.E.: Statistik auf dem Kreis. In: StiS, 1983, Heft 2, S.17-25.

Sensenschmidt, K./ Weinberg, P.: Unterrichtsversuche zur explorativen Datenanalyse in Klasse 8 -zwei Erfahrungsberichte. In: MU, 1991, Heft 6, S.33-53.

Shahani, A.K.: Vernünftige Mittelwerte, aber falsche Aussagen. In: StiS, 1982, Heft 1, S. 3-10.

Shahani, A.K./ Parsons, P.S./ Meacock, S,E.: Tiere im Teich. Biologie und Statistik helfen sich gegenseitig. In: StiS, 1979, Heft 2, S.23-30.

Shaw, S.M.: Let´s do it. Dealing with data. In: at, 1984, Heft 9, S.9-15.

Spiegel, H.: Wieviele Streichhölzer sind in einer Streichholzschachtel? In: MUP, 1982, Heft 1, S. 3-14.

Spiegel, H.: Der Mittelwertabakus. In: mathematik lehren, 1985, Heft 8, S.16-18.

Sykes, A.: Ein Hoch auf Pythagoras. In: StiS, 1985, Heft 3, S.13-16.

Schmidt, G.: Beschreibende Statistik. In: DdM, 1979, Heft 4, S.279-289.

Schmidt, H.-J.: Die Herleitung chemischer Formeln im Verständnis von Schülern. In: MNU, 1981, Heft 8, S.468-476.

Schrage, G.: Entscheiden und Begründen - Leitlinien für den Statistikunterricht. In: Stochastik im Schulunterricht (Hrsg.: Dörfler, W./Fischer,R.). Wien-Stuttgart 1981, S.179-208.

Schrage,G.: Irrwege zur Stochastik. In Mathematik lehren, 1984, Heft 5, S.50-53.

Schrage, G.: Computergraphik und statistisches Entscheiden. In: Mathematik lehren, 1986, Heft 18, S.47-49.

Schulz, W.: Ein elementarer Zugang zur Ausgleichs- und Regressionsrechnung. In: Wiss. Z. Humboldt-Univ. Berlin, Math.-Naturwiss. Reihe 36(9), 1987, S.721-724.

Schupp,H.: Zum Verhältnis statistischer und wahrscheinlichkeitstheoretischer Komponenten im Stochastik-Unterricht der Sekundastufe I. In: JMD, 1982, S.207-226.

Schupp, H.: Sinnvoller Stochastik- Unterricht in der Sekundarstufe I. In: math.did., 1984, Heft 7, S.233-243.

Schupp, H.: Appropriate teaching and learning of stochastics in the middle grades (5-10). In: Morris, R. (Edit.) Studies in mathematics education: The teaching of statistics. Unesco, Paris 1991, S.101-120.

Schwarze, J. Mittelwerte. In: LU, 1974, Heft 4, S.44ff.

Schwarze, J.: Zur richtigen Verwendung von Mittelwerten. In: PM, 1981, S.296-307.

Stadler, H.: Paradoxien der Wahrscheinlichkeitsrechnung und Statistik, Teil 1 und Teil 2. In: DdM, 1986, S.134-152 und S.167-182.

Stammhuis, I.H.: Statistik an deutschen Universitäten vor 1810. In: StiS, 1992, Heft 1, S. 2-8.

Steinbring, H.: The interaction between teaching practice and theoretical conceptions. In: Morris, R.(Edit.): Studies in mathematics education: The teaching of statistics. Unesco, Paris 1991, S.202-214.

Stockhause, M.: Meine Erfahrungen aus der AG(R) "Elementare Statistik". In: MiS, 1980, S.146-150.

Stoyanov,J.: The use of counterexamples in learning probability and statistics. In: ICOTS, Victoria Univ., British Columbia (Canada), 1987, S.280-285.

Strick, H.K.: Darstellung von Bundesliga-Tabellen. In: StiS,1984, Heft 2, S.24-30.

Tamura, H.: Modellierung von statistischen Untersuchungen. In: StiS, 1991, Heft 3, S.8-11.

Talbot,M./ Leonard, S.: Statistik der breiten Öffentlichkeit vorstellen. In: StiS, 1991, Heft 3, S.4-7.

Thomas, F.H./ Moore J.L.: Cusum: Computer Simulation for Statistics Teaching. In: Teaching statistics, 2(1), 1980, S.23-28.

Tischer, E.: Zur Gestaltung der AG(R) "Elementare Statistik". In: MiS, 10, 1981, S.764-776.

Tischer, E./Sternbeck, D.: Zur Gestaltung der AG(R) "Elementare Statistik". In: MiS, 1982, S.374-387.

Titze, H.: Zur Veranschaulichung von Mittelwerten. In: PM, 29(4), 1987, S.200-202.

1. LITERATUR 165

Trauerstein, H.: Zur Simulation mit Zufallsziffern im Mathematikunterricht der Sekundarstufe I. In: StiS, 10,1990, Heft 2, S.2-30.

Vinek, G.: Grundlegende Verfahren der Statistik anhand von Beispielen. In: Stochastik im Schulunterricht (Hrsg.: Dörfler, W./ Fischer, R.) Wien - Stuttgart 1991, S.249-263.

Vohmann, H.D.: Lineare Regression und Korrelation in einem Einführungskurs über empirische Methoden. In: StiS, 1988, Heft 2, S.3-16.

Vollmann, R.: Wir berechnen den Mittelwert. In: Ehrenwirth Hauptschulmagazin, 6(4), 1981, S.31-38.

Voss, S.H.: "Modeling" in the statistics classroom. In: tmt, 83, 1990, S.545-547.

Wainwright, S.J.: Zur Einführung der Standardabweichung. In: StiS,1985, Heft 2, S.37-38.

Warmuth, E.: Wahrscheinlich ein Junge? In: MiS, 1991, Heft 1, S.46-59.

Wickmann, D.: Mittelwerte - Ein Beispiel aus der Sprachforschung. In: Mathematik lehren, 1985, Heft 8, S.58-59.

Wiedling, H.: Beschreibende Statistik. In: MNU, 33, 1980, S.410-415.

Wilkinson, R.K.: Statistik in der Volkswirtschaftslehre der sechsten Schulklasse . Teil 1 und Teil 2. In: StiS, 1979, Heft 1, S.35-43 und Heft 2, S.48-56.

Willi, A.: Die Möglichkeit der statistischen Begründung des chemischen Gleichgewichts im Oberstufenunterricht. In: MNU, 36, 1983, S.495-499.

Winter, H.: Zur Beschreibenden Statsitik in der Sekundarstufe I (10-16jährige Schüler der allgemeinbildenden Schulen) - Rechtfertigungsgründe und Möglichkeiten zur Integration der Stochastik in den Mathematikunterricht. In: Stochastik im Schulunterricht (Hrsg.:Dörfler, W./ Fischer R.). Wien-Stuttgart 1981, S.279-304.

Winter, H.: Dreiklang und Dreieck - woher das harmonische Mittel seinen Namen hat. In: Mathematik lehren, 1985, Heft 8, S.48.

Winter, H.: Die Gauss-Aufgabe als Mittelwertaufgabe. In: Mathematik lehren, 1985, Heft 8, S.20-24.

Winter, H.: Minimumseigenschaft von Zentralwert und arithmetischem Mittel. In: Mathematik lehren, 1985, S.7.

Winter, H.: Mittelwerte als Lebenshilfe. In: Mathematik lehren, 1985, Heft 8, S.5.

Winter, H.: Mittelwerte - eine grundlegende mathematische Idee. In: Mathematik lehren, Heft 8, 1985, S.4-15.

Winter, H.: Mein Lieblingstier. Elementarste Statistik im Schulanfang - neue Möglichkeiten für alte Ziele. In: Grundschule, 21, 1989, Heft 12, S.20-22.

Wirths, H.: Regression-Korrelation. In: DdM, 1990, S.52-60.

Wirths, H.: Beziehungshaltige Mathematik in Regression und Korrelation. In: StiS, 1991, Heft 1, S.34-53.

Wolf, J.: Unterrichtssequenzen zur Beschreibenden Statistik. In: Schmidt, G.: Methoden des Mathematikunterrichts in Stichwörtern und Beispielen 7/8. Braunschweig 1981, S.152-208.

Wolf, J.: Regression und Korrelation. In: Schmidt,G.: Methoden des Mathematikunterrichts in Stichwörtern und Beispielen 9/10. Braunschweig 1982, S.222-249.

Wollring, B.: Wie gut sind Ausgleichsgeraden?
In: BzM, 1981, S.114.

Wurz, L.: Wir werten das Ergebnis einer Klassenarbeit aus. Ein Beitrag zur Statistik im Mathematikunterricht des 8. Schuljahres. In: Die Scholle, 49, 1981, S.480-485.

Wurz, l.: Benzin - so billig wie 1973. Eine Zeitungsnotiz für den Mathematikunterricht des 9. Schuljahres aufbereitet. In: MUP, 1985, Heft 2, S.15-18.

2. Register

absolute Häufigkeit 26,33
Achenwall, G. 19
Amtliche Statistik 15ff.
arithmetische Mittel 77
-Berechnung 77,80
-Eigenschaften 78,80f
-gewogenes 82 f.
Ausreißer 99f., 105, 126

Balkendiagramm 39,41
Beispiele für Statistiken
-Alter der Mütter von Lebendgeborenen 48,49
-Arbeitslose 145
-Arbeitszeit und Urlaubstage 69
-Aufnahme von Aussiedlern 47,50
-Ausbildungsberufe 60
-Ausgaben für Auslandstourismus 61,139
-Automarkt 68
-Bauproduktion 65
-Bevölkerungsentwicklung 85
-Beschäftigte nach Wirtschaftsabteilungen 43
-Beschäftigung in der Ernährungswirtschaft 65
-DIN-Menschen 76
-Durchschnittspreis 61,91
-Durchschnittsgeschwindigkeit 90f.
-Europas Stahlmisere 62
-Gehaltsstatistik 84,95
-Gesundheitsdienst 146
-Güterverkehr 33
-Hochschulen 67,143,148
-Interesse an Kommunalpolitik 139
-Kirchliche Entwicklungshilfe 64
-Klausurnoten 38,57,58
--Körpergewicht von Kindern 53,59,78,82,95,102,103,106,108
-Kohlenmonoxid in Auspuffabgasen 53,102,103,104
-Konjunktursignale 69
-Kundeneinzugsbereich 101
-Länge der Grenzen Deutschlands 35,42,44,46
-lästigste Lärmquellen 140
-Landwirtschaft 67
-Lebenshaltungskosten 135
-LPO von NRW 83
-Lohnvorsprung 130ff.
-Mängelhitliste 60
-Mitgliederentwicklung 136

-Prämiensparer 66
-privater Energieverbrauch 65
-private Schuldenlast 66
-Prognosen 142f.
-Projektbewilligungen durch Misereor 55
-Renten 47
-Religionszugehörigkeit 34
-Schwarzarbeit 62
-Selbstmorde 129
-stabile Postgebühren 138
-Standortproblem 96f.
-Tagesdurchschnittstemperatur 83
-Ursachen bei Straßenverkehrsunfällen 40
-Verdienen in Deutschland 45
-Verkehrszählung 32
-Verpackungsmüll 77
-Verteilung der Fußlängen 51
-Verurteilte wegen Vergehen im Straßenverkehr 36
-Wachstum des Bruttosozialproduktes 87f.
-Wärmeerzeugung 63
-Waldschäden in Europa 39
-Welthandel 135
Bernoulli, J. 19
Bibel 15ff.
Blockdiagramm 43 ff.
Box-plot-Diagramm 104
Bravais, A. 119, 121

Chernoff- Gesichter 56f.
Conring, H.19
Curriculum 13

Daten 25
Dezil 97
Diagramme
-Balkendiagramm 39,41
-Blockdiagramm 43ff.
-Box-plot-Diagramm 104
-dreidimensionale 45f.
-Histogramm 46ff., 48f.
-Kreisdiagramm 41ff.
-Piktogramm 54f.
-Scatterdiagramm 112f.
-Stengel-Blatt-Diagramm 52ff.
-Stabdiagramm 37ff., 41

Einflußgröße 114
empirische Standardabweichung 106

empirische Varianz 106
erschöpfendes Merkmal 25
Explorative Datenanalyse 20

Fehler
-bei der Erhebung der Daten 125
-bei der Aufbereitung der Daten 126 ff.
Fisher, Sir R.A. 20
Fünf- Zahlen- Zusammenfassung 104

Galton, Sir F. 20,112
Gauß, C.F. 115
geometrisches Mittel 88
Gesichter 56
Gewichtsfaktor 83
gewogenes arithmetisches Mittel 82f.
gewogenes geometrisches Mittel 88
Graunt, J. 18
Grundbegriffe
-absolute Häufigkeit 26
-Daten 25
-erschöpfendes Merkmal 25
-Häufigkeitsverteilung 26
-Identifikationsmerkmal 24
-intervallskaliertes Merkmal 28
-Merkmal 25
-Merkmalsausprägung 24,25
-Merkmalsträger 24
-metrischskaliertes Merkmal 26
-nominalskaliertes Merkmal 25
-ordinalskaliertes Merkmal 26
-proportionalskaliertes Merkmal 28
-qualitatives Merkmal 25
-quantitatives Merkmal 25
-Rangmerkmal 26
-relative Häufigkeit 26f.
-statistische Einheit 24
-statistische Erhebung 24
-statistische Masse 24
-Stichprobe 24
-Teilerhebung 24
-Totalerhebung 24
-Urliste 31

Halley, E. 18
Häufigkeit
-absolute 26
-relative 26f.
Häufigkeitsdichte 49
harmonisches Mittel 89
Histogramm 46 ff., 48f.

Identifikationsmerkmal 24
intervallskaliertes Merkmal 28

Kastenschaubild 104
Klasse 47f.
-Repräsentant 48
Klassenanzahl 48
Klassenbildung 47f.
Klassenbreite 48
Klassenmitte 48
Korrelation 122
-nonsense 123
Korrelationskoeffizient 121
Kreisdiagramm 41 ff.

Lageparameter
siehe Mittelwerte
lineare Regression 111f.

Mathematische Statistik 20
Median 94,97
-Eigenschaft 95f
Merkmal 25
-erschöpfendes 25
-intervallskaliertes 28
-metrischskaliertes 26
-nominalskaliertes 25
-ordinalskaliertes 26
-proportionalskaliertes 28
-qualitatives 25
-quantitatives 25
-Rangmerkmal 26
Merkmalsausprägung 24,25
Merkmalsträger 24
Methode der kleinsten Quadrate 115
metrischskaliertes Merkmal 26
Minimumseigenschaft des arithmetischen
  Mittels 81
Minimumseigenschaft des Medians 95f.
Mittelwerte
-Anwendungen der 98,99
-arithmetisches Mittel 74,77
-Dezil 97
-geometrisches Mittel 88
-harmonisches Mittel 89
-Median 94,97
-Modalwert 97
-Modus
siehe Modalwert
-p-Quantil 97
-Quartil 97
-Vergleiche der 92, 100

2. REGISTER

mittlere absolute Abweichung 106
Mißbrauch der Statistik 10ff.
Modalwert 97
Modus 97

Neymann, J. 20
nominalskaliertes Merkmal 25

ordinalskaliertes Merkmal 26

Pearson, E. S. 20
Pearson, K. 20,119,121
Petty, Sir W. 18
Piktogramm 54f.
Politische Arithmetik 18
Polygonzug 51f.
proportionalskaliertes Merkmal 28
Punktwolke 112f.

qualitatives Merkmal 25
Quantile 97
-p-Quantil 97
-Quartile 97
- Dezile 97
quantitatives Merkmal 25
Quartilabstand 102
Quetelet, L.A. J. 19

Rangmerkmal 26
Regression 111ff.
Regressionsgerade 115f.
relative Häufigkeit 26f.,33

Scatterdiagramm 112f.
Schwerpunkt 116
Spannweite 102
Stabdiagramm 37ff.,41
Standardabweichung 106
Statistik
-Amtliche Statistik 15ff
-Explorative Datenanalyse 20
- in der Bibel 15 ff.
-Mathematische Statistik 20
-Politische Arithmetik 18
-Universitätsstatistik 19ff.
Statistiken
 siehe Beispiele für Statistiken
statistische Einheit 24
statistische Erhebung 24
statistische Masse 24
stem-leaf Display
 siehe Stengel-Blatt-Diagramm

Stengel-Blatt-Diagramm 52ff.
Streudiagramm 112f.
Streuungsparameter
- empirische Standardabweichung 107
- empirische Varianz 107
- mittlere absolute Abweichung 106
- Quartilabstand 103
- Spannweite 102
- Vergleich der 110
Strichliste 31f.
Süßmilch, J.P. 18

Tabelle 31ff., 37
Teilerhebung 24
Themenkreise der Statistik 13
Totalerhebung 24
Tukey, J.W. 20

Universitätsstatistik 19 ff.
Urliste 31

Varianz 106
Variationsbreite
 siehe Spannweite
Verteilungsfunktion 57

Wachstumsfaktor 86
Wachstumsrate 86

Zielgröße 114

Lehrbücher für Lehramtskandidaten

Kütting, H.
Elementare Analysis
Band 1: Reelle Zahlen, reelle Zahlenfolgen und unendliche Reihen
206 Seiten. 1992. Kartoniert.
BI-Hochschultaschenbuch 653

Band 2: Stetigkeit, Differentiation und Integration reeller Funktionen
255 Seiten. 1992. Kartoniert.
BI-Hochschultaschenbuch 654

Die beiden Bände beinhalten eine gründliche Erarbeitung der zentralen Begriffe der Analysis durch problemorientiertes Vorgehen.

Padberg, F./H. Kütting
Lineare Algebra
Eine elementare Einführung
304 Seiten. 1991. Kartoniert.
BI-Hochschultaschenbuch 649

Elementare Einführung in wichtige Grundbegriffe der linearen Algebra.

Padberg, F.
Elementare Zahlentheorie
200 Seiten. 2., überarbeitete und erweiterte Auflage 1991. Kartoniert.
BI-Hochschultaschenbuch 639

Darstellung für Studenten und Lehrer für Mathematik der Primar- und Sekundarstufe I.

Rautenberg, W.
Elementare Grundlagen der Analysis
164 Seiten. 1993. Kartoniert.

Begleittext zu Vorlesungen über Analysis und deren Grundlagen.

Reiffen, H.-J./G. Scheja/U. Vetter
Algebra
276 Seiten. 2., durchgesehene Auflage 1984. Unveränderter Nachdruck 1991. Kartoniert.
BI-Hochschultaschenbuch 110

Reiffen, H.-J./W. Trapp
Differentialrechnung
386 Seiten. 1989. Kartoniert.

Lehr- und Lernbuch in einem: Eine verständliche Einführung in die Analysis I und II, die durch zahlreiche Lektionen und Aufgaben die Anwendung übt und das Lernen erleichtert.

Wissenschaftsverlag
Mannheim · Leipzig · Wien · Zürich

Lehrbücher und Monographien zur Didaktik der Mathematik:

Entsprechend dem zunehmenden Interesse an didaktischen Fragestellungen ist die Zahl der Zeitschriften zur Didaktik der Mathematik inzwischen stark angewachsen. Diese Entwicklung ist grundsätzlich zu begrüßen. Für den Studenten wie für den in der Praxis stehenden Lehrer und Dozenten ist es dadurch aber auch schwieriger geworden, einen Überblick über alle relevanten Aspekte der Originalliteratur zu erwerben bzw. zu behalten. Hier soll die neue Schriftenreihe „Lehrbücher und Monographien zur Didaktik der Mathematik" Information und Orientierung ermöglichen. Die einzelnen Bände wenden sich nicht nur an den Spezialisten. Sie sollen dem interessierten Leser, auch wenn er nicht über Kenntnisse der Originalliteratur verfügt, Informationen über alle aktuelle und relevante Fragestellungen und über deren Diskussionsstand vermitteln und ihn in die Lage versetzen, diese Diskussion wertend zu analysieren.

Band 1:
Fischer, R./G. Malle
Mensch und Mathematik. Eine Einführung in didaktisches Denken und Handeln
Unter Mitarbeit von Doz. Dr. Heinrich Bürger
Hinweise für einen Unterricht, der neben der Vermittlung wichtiger Kenntnisse und Fertigkeiten auch einen Beitrag zur Entwicklung eines reflektierten Verhältnisses zur Mathematik leisten will.
367 Seiten. 1985.

Band 2:
Blankenagel, J.
Numerische Mathematik im Rahmen der Schulmathematik. Ansätze zu einer Didaktik
Vieles, was heute den Computer im Unterricht wichtig erscheinen läßt, kann auch von der Numerischen Mathematik aus erschlossen werden.
192 Seiten. 1985.

Wissenschaftsverlag
Mannheim · Leipzig · Wien · Zürich

Lehrbücher und Monographien zur Didaktik der Mathematik:

Band 3:
Riemer, W.
Neue Ideen zur Stochastik
Mit Hilfe neuer heuristischer Modelle gelangt man unter Umgehung sinnleerer Formalismen zum Kern zentraler stochastischer Themenbereiche.
156 Seiten. 1985

Band 4:
Knoche, N./H. Wippermann
Vorlesungen zur Methodik und Didaktik der Analysis
Unterschiedliche Zugänge zu den grundlegenden Begriffen der Analysis werden vorgestellt und im Vergleich wertend diskutiert.
350 Seiten. 1986

Band 6:
Scheid, H.
Stochastik in der Kollegstufe
Fachwissenschaftliche und didaktische Hintergründe der Stochastik und ihre Bezüge zur Analysis; auf die Einsatzmöglichkeiten programmierbarer Rechner wird eingegangen.
250 Seiten. 1986

Band 7:
Padberg, F.
Didaktik der Arithmetik
Eine praxisnahe Darstellung der Arithmetik der ersten vier Schuljahre. Im Vordergrund stehen die von Schülern benutzten Lösungsstrategien sowie typische Schülerfehler.
253 Seiten. 1986

Wissenschaftsverlag
Mannheim · Leipzig · Wien · Zürich

Lehrbücher und Monographien zur Didaktik der Mathematik:

Band 8:
Lüneburg, H.
Kleine Fibel der Arithmetik
Der Autor zeigt exemplarisch an einfachen Algorithmen, wie man das neue Stilmittel „strukturiertes Programmieren" zur Beschreibung von Algorithmen nutzen kann.
101 Seiten. 1987.

Band 9:
Holland, G.
Geometrie in der Sekundarstufe. Didaktische und methodische Fragen
Eine praxisbezogene Darstellung, die unter dem Aspekt der Realisierung von Prozeßzielen, Problemlösen und Begriffsbilden den Computer erschließt.
211 Seiten. 1988.

Band 10:
Borovcnik, M.
Stochastik im Wechselspiel von Intuitionen und Mathematik
Überzeugende Darstellung des Zusammenspiels von Intuitionen und mathematischen Begriffen. Im Zentrum: stochastisches Denken und stochastische Methoden.
465 Seiten. 1992.

Band 11:
Padberg, F.
Didaktik der Bruchrechnung. Gemeine Brüche – Dezimalbrüche
Eine praxisnahe Darstellung der Bruchrechnung (der gemeinen wie auch der Dezimalbrüche). Mit verschiedenen Einführungswegen, typischen Fehlerquellen und Gegenmaßnahmen.
221 Seiten. 1989.

Band 12:
Schupp, H.
Kegelschnitte
Historische und didaktische Analyse dieses klassischen und zentralen Gebietes der Elementarmathematik mit zahlreichen Anregungen für eine zeitgemäße Behandlung im Unterricht beider Sekundarstufen.
245 Seiten. 1988.

BI· Wissenschaftsverlag
Mannheim · Leipzig · Wien · Zürich

Lehrbücher und Monographien zur Didaktik der Mathematik:

Band 13:
Knoche, N.
Modelle der empirischen Pädagogik
Dieser Band beschäftigt sich mit dem klassischen Testmodell, dem Modell der Faktorenanalyse und den linearen Strukturgleichungsmodellen.
320 Seiten. 1990. Kartoniert.

Band 14:
Lind, D.
Probabilistische Modelle in der empirischen Pädagogik
Eine Einführung in die Meßtheorie und die Anwendung binominaler und multinominaler Testmodelle.
Etwa 300 Seiten. 1991. Kartoniert.

Band 15:
Pfahl, M.
Numerische Mathematik in der gymnasialen Oberstufe
Dieses Buch beschreibt Curriculumelemente der numerischen Mathemathik, die in bestehende Lehrpläne integriert werden können.
248 Seiten. 1990. Kartoniert.

Band 16:
Scholz, E. (Hrsg.)
Geschichte der Algebra
Gegenstand dieses Bandes ist die Entwicklung algebraischen Denkens von der Antike bis zu den Anfängen moderner strukureller Algebra.
516 Seiten. 1990. Gebunden.

Band 17:
Struve, H.
Grundlagen einer Geometriedidaktik
Didaktische Probleme, die das Verständnis bestimmter geometrischer Begriffe betreffen, werden auf formaler Ebene diskutiert.
272 Seiten. 1990. Kartoniert.

Band 18:
Riemer, W.
Stochastische Probleme aus elementarer Sicht
Praxisnahe Darstellung ideenreicher Lösungsansätze zu Problemen des Stochastikunterrichts.
192 Seiten. 1991. Kartoniert.

Band 19:
Baptist, P.
Die Entwicklung der neueren Dreiecksgeometrie
Historische Entwicklung und vielfältige Aspekte für Schule und Lehrerausbildung.
312 Seiten. 1992. Kartoniert.

Wissenschaftsverlag
Mannheim · Leipzig · Wien · Zürich